解明！大日本帝国の謎がわかる本

大日本帝国の謎検証委員会

彩図社

はじめに

「大日本帝国」と聞くと、どのようなイメージが浮かぶだろうか？

西洋の学問や技術を積極的に取り入れ、アジアで唯一近代化を成功させた大国だろうか。それとも、国民の自由を奪って他国を侵略した軍事国家だろうか。そんなことはどうでもいい、昔の話だ、という意見もあるかもしれない。現代人からすれば、大日本帝国という国は、政治の仕組みから人々の考え方まで、何から何まで謎だらけに見えてしまう。

そもそも、なぜ大日本帝国が誕生することになったのだろうか？

また、大日本帝国の体制が整備されていく中で、なぜ天皇が〝神〟となったのだろうか？

昭和になって軍部が暴走した原因はどこにあるのだろうか？

なぜ中国やアメリカと戦争をしたのだろうか？

本書の目的は、こうした大日本帝国にまつわる謎を解明することにある。

第一章「なぜ大日本帝国は近代化を遂げることができたのか？」では、基本をおさえるために、大日本帝国誕生のきっかけから、近代化を遂げて世界の大国になることができた理由までをまとめている。

つづく第二章「世界を驚かせた大日本帝国の科学力」では、戦前から世界トップクラスの技術大国として君臨した大日本帝国の実像に迫っていき、第三章「大日本帝国の意外な体制と国民生活」では大日本帝国のソフト面をまとめた。天皇を中心とした政治体制がつくられた理由や、戦争によって変化していった政治体制・国民生活が三章の主なテーマだ。

そして、第四章「大日本帝国はどのように太平洋戦争に向かっていったのか?」では、満州国建国の謎や、軍部が政治を牛耳ることができた理由を解明。最後の第五章「なぜ大日本帝国は滅びたのか?」では、大日本帝国がアメリカとの戦争に敗れた原因をまとめた。

大日本帝国がたどった歴史は、良くも悪くも現在の日本社会のあり方に影響を与えている。政府が富国強兵を掲げて外国から工業機械を輸入し、人材育成に力を注いだからこそ、日本は技術大国に成長することができた。子どもが学校に行くという仕組みも、洋服を着て街を歩くという習慣も、大日本帝国の時代から始まった。一方で、外交問題や政治観の対立などにも、大日本帝国時代の政策や出来事が原因として浮かび上がってくることがある。

現代の日本とはまったく違うようでありながら、現代を語る上では欠かせない国。本書が、謎に満ちたこの国を理解するのに少しでも役立つことができたら幸いである。

２０１６年９月　大日本帝国の謎検証委員会

解明！　大日本帝国の謎がわかる本　目次

第二章 世界を驚かせた大日本帝国の科学力

第四章　大日本帝国はどのように太平洋戦争に向かっていったのか？

第五章 なぜ大日本帝国は滅びたのか？

第一章

なぜ大日本帝国は近代化を遂げることができたのか？

01 明治維新の謎

大日本帝国誕生のきっかけとは？

◎ペリーの恐怖のプレゼント

大日本帝国はいつから始まったのか。明治元年にあたる1868年とも、大日本帝国憲法が公布された1889年ともいわれるが、その起源といえば**1853年のペリー率いる黒船来航**になるだろう。

このとき、ペリーは開国を迫るとともに、あるものを幕府に贈っている。それは2本の白旗で、こんな手紙が添えられていた。

「開国を承知しないならば、我々は武力によってその罪をただす。日本も国法をたてに防戦するがよい。戦争になればこちらが勝つのは決まっている。降伏するときは贈っておいた白旗を押し立てよ」

ペリーが来日した目的は、第一に日本を開国させ、アメリカ船の補給地をつくることだが、最終的には**不平等条約を結ぶこと**だった。

関税の額や割合を勝手に決められたり、外国人が国内で犯罪をはたらいても裁くことができなかったりするなど、到底呑めないような条件だが、断るなら江戸の街を焼け野原にしてやるぞ、という横

1853年に描かれたペリー一行の錦絵。中央がペリー。威張った態度で、熊のような大声で号令を出すことから、ペリーは「熊おやじ」というあだ名をつけられていた。

暴極まりない要求だったのだ。

当時は先進国が途上国を植民地にしたり、不平等条約を押し付けたりすることが当たり前で、ペリー来航の11年前にはイギリスがアヘン戦争で清から領土を奪っている。極東の小国である日本など、**いつ植民地にされてもおかしくない状況だった**のである。

ここに大日本帝国の最大の謎がある。なぜ江戸時代の日本は植民地にされることなく、大日本帝国へと移行することができたのだろう。

◎西洋の怖さを知っていた日本

ペリーの要求に対して、日本の選択肢は服従か、徹底抗戦かの二つ。ここで日本は前者を選び、開国を決意する。弱腰に思われるかもしれないが、これは非常に重要な決断だった。

もしも徹底抗戦を選んでいたら、圧倒的な軍事力によって侵攻され、瞬く間に植民地にされていたかもしれない。事実、さきほど述べたアヘン戦争は、イギリスの横暴に悩まされた清が、武力で抵抗したために起きたものなのだ。

イギリスは清から紅茶の茶葉を大量に輸入していたが、清に輸出する商品がなかったため、膨大な貿易赤字を抱えていた。そこでイギリスは常軌を逸した行動をとった。**アヘンを清に密輸し始めた**のだ。アヘンは麻薬の王様とも呼ばれるヘロインの原材料で、人を廃人にするほどの中毒性がある。

アヘンは飛ぶように売れた。清はアヘン中毒者で溢れかえり、一方でイギリスの貿易赤字はみるみる解消していく。

事態を重く見た清はアヘン商人を武力で排除しようとしたため、イギリスは自国民の保護という名目で大艦隊を派遣。清の艦隊を打ち倒し、上海など5箇所を開港させたほか、香港を割譲し、巨額の賠償金をせしめたのである。

この惨状は鎖国中の日本にも届いていた。**アメリカに逆らえば清の二の舞になってしまう**。そう危惧した幕府は無謀な抵抗はせずに、1854年に下田と函館（当時は箱館）を開港する**日米和親条約**、1858年には神奈川や長崎などを開港し、貿易の自由化を認める**日米修好通商条約**を結んだのである。

苦渋の決断に違いないが、これがアメリカに武力行使の口実を与えなかったとも言えるのだ。

◎もう一つの重要な決断

幕府がペリーの要求を受け入れた一方で、国内では外国を排斥し、より強い鎖国体制をつくろうと

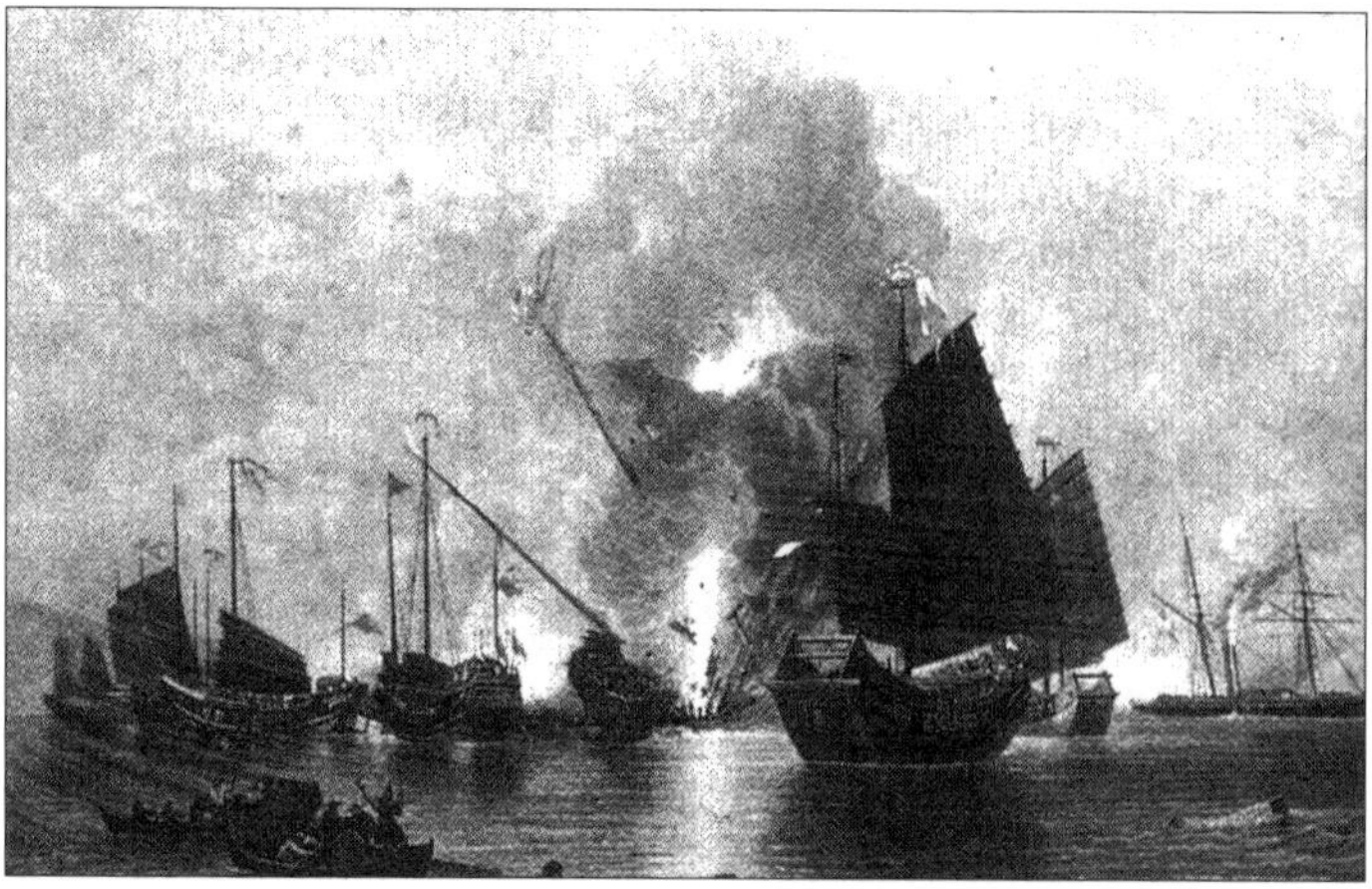

アヘン戦争を描いた絵。1845年の清のアヘン中毒者は推定3000万人にもおよんだという。

いう**「攘夷論」**が持ち上がっていた。

　攘夷派の人々からすれば、幕府が開国したことは面白くない。それどころか外国に媚びへつらっているようにも見えたため、このままでは、いつか外国に乗っ取られてしまうという危機感が生まれた。

　こうした感情から始まったのが、幕府を倒し、天皇中心の国家をつくろうという「尊皇攘夷運動」だ。

　江戸時代最末期になると、薩摩藩、長州藩を中心に、新たな国家体制を望む志士たちが結集し、武力による倒幕の動きが加速していく。

　だが、いよいよ幕府を倒せるか、というところで倒幕派の中心人物のひとり、坂本龍馬からある提案が持ちだされた。幕府に、自発的に政権を返上させるという**「大政奉還」**である。

　あとひと押しで幕府を倒せそうなのに、なぜこんな回りくどい案を出したのか。それは**内乱を避けるため**だ。力ずくで幕府を倒しても、親幕藩が一掃さ

長州藩と英米仏蘭が衝突した下関戦争の一幕。現在の山口県の長府にあった前田砲台がイギリス軍によって占拠された。

れるわけではない。むしろ、300ある藩が入り乱れる大内戦になる恐れもあった。

そして実は内戦こそ、西洋列強が待ち望んでいた展開だったのだ。彼らが最初から武力を使うことはほとんどない。手始めに開国させるなどして国内を混乱させ、それによって発生した内戦に乗じて侵攻するのが常套手段だったのである。

幕府自らが政権を返上すれば、親幕藩もそれに従うはず。**大政奉還は倒幕後の内戦を防ぐための政治工作**だったのである。幕府側にも、勝てる見込みのない戦をするよりも、穏便に政権を明け渡したほうがよいという気運が生まれ、大政奉還を決断した。

確かに大政奉還後、旧幕府軍による戊辰戦争などの内戦が勃発した。だが、戦闘は半年ほどで収束し、新政府の体制を揺るがす事態には至らなかった。

西洋列強に付け入る隙を与えずに、幕藩体制から新体制へと移行する**「明治維新」**を成し遂げたこと。

これこそ日本が植民地にされなかった最大の理由の一つなのである。

◎西洋の強さを体感した薩長

ところで、明治維新の中心的役割を果たした薩摩藩と長州藩には、ある共通点がある。**西洋列強と直接戦闘を行っている**のだ。

1862年、薩摩藩の大名行列に、イギリス人が割り込んでしまい、武士に殺傷されるという生麦事件が発生。翌年にはイギリス艦隊が鹿児島湾に現れ、薩英戦争が勃発した。鹿児島の街は大火に包まれ、イギリス艦船1隻が大破するなど痛み分けに終わった。1863年には、長州藩が外国船を打ち払うという名目で下関海峡を航行していた外国商船を次々と砲撃。その後、仏・蘭・米・英の連合艦隊に反撃され、軍艦と下関の砲台をことごとく破壊されるという手痛い敗北を喫した。

薩長はこうした体験から、西洋の力がいかに強大かを肌で感じ取ったのだろう。西洋に対するリアルな危機感こそが、明治維新の最大の原動力となったのだ。

解明！

アジアを蹂躙する西洋列強に強い危機感を抱いていたからこそ、改革勢力は新体制樹立に成功した

02 文明開化の謎

西洋化が急速に進められたのはなぜ？

◎急速に進められた西洋化

「散切《ざんぎ》り頭を叩いてみれば、文明開化の音がする」という言葉が流行した明治時代初期。

この時期は、武士の象徴でもあったちょんまげの散髪を認める断髪令《だんぱつれい》にはじまり、華士族と平民の結婚の自由、職業選択の自由など、さまざまな**文明開化政策が進行した時代**である。

さらに、都心にはガス灯が設置され、レンガ造りの洋館が軒を連ねるなど、ライフスタイルの西洋化も積極的に進められた。

そうした西洋化の象徴ともいえるのが、現在の東京都千代田区に存在した**鹿鳴館**《ろくめいかん》である。

鹿鳴館はいまでいう迎賓館《げいひんかん》で、レンガ造りの2階建てに、100坪もの舞踏場を備えていた。そして、外国の賓客や外交官を迎え、毎夜のように盛大な夜会や舞踏会が開かれたのである。

この遊興は、諸外国に対して「日本は西洋文化が根付いた文明国ですよ」とアピールする狙いがあった。けれど、招かれた外国人の目には、鹿鳴館での催しは大変奇妙なものに映ったという。

ジョサイア・コンドルが設計した鹿鳴館。1883年7月、落成。1940年に解体された。（画像提供：国立国会図書館）

◎ドレスの背中に〝お灸の跡〟

鹿鳴館が建設されたのは鎖国の撤廃から約30年後。とはいえ、上流階級でも西欧式舞踏会のマナーやエチケットはまだ馴染みが薄かった。

夜会では豪勢な西洋食がテーブルを飾ったが、**ナイフやフォークの扱いはおぼつかなげで、舞踏会でもまともにダンスを踊れないセレブが続出**。

慣れない西洋風の正装もトラブル続きで、**コルセットで体を締めすぎて貧血で倒れる婦人もいた**という。

それでは格好がつかないため、踊りや音楽の素養がある芸者を動員することもあったが、これにも問題があった。ドレスは背中が大きく開いているが、当時の芸者はお灸《きゅう》を据《す》える習慣があり、ドレスを着ると**お灸の跡が丸見え**になってしまうのだ。

このようなちぐはぐな様子を目にした外国人は、こぞって「滑稽《こっけい》だ」と嘲笑したという。

こうしたエピソードから、鹿鳴館は急速な西洋化や、浅はかな西洋至上主義がもたらした失敗例ともいわれる。事実、鹿鳴館の風当たりは次第に強くなり、完成から10年足らずで迎賓館としての役割を終えたのだった。

◎不満が噴出した西洋建築

〝西洋化の象徴〟である鹿鳴館ですらこの有り様なのだから、庶民の生活にも混乱は多かった。

1873(明治6)年、東京・銀座には日本で最初の西洋街がつくられた。パリのシャンゼリゼ通りをモデルにした舗装道路や、ロンドンの家屋をモデルにしたレンガ造りの洋館が並ぶ町並みは実に壮観で、遠方から泊りがけで見学に来る者もいたという。

しかし、実際に生活している人々の評判はすこぶる悪かった。建築技術の未熟さゆえ、洋館は建て付けが悪く、**日常生活に支障が出るほど湿気がひどかった**。洋館で店を開いたために商品のお茶がしけってしまい、倒産した茶商もいたという。

さらに、西洋文化を恐れる俗信も根強く、**洋館で暮らすと脚気《かっけ》になる**というデマも流れ、当初の銀座は空き家ばかりになったのである。頭を痛めた東京府が入居者の地租《ちそ》(現在の固定資産税)を4カ月分免除するなどの優遇措置をとって、やっと入居者は増えていった。

◎西洋化で消えた文化とは?

こうした紆余曲折《うよきょくせつ》を経ながらも、西洋文化は着実に日本社会に根付いていった。けれど、先ほど

明治初期の銀座のレンガ街を描いた錦絵。（画像提供：東京都立中央図書館東京資料文庫『東京銀座要路煉瓦石造真図』）

述べたちょんまげのように、**西洋化と入れ替わりに廃れていった伝統文化も無数にある**。

たとえば、刺青《いれずみ》である。江戸時代に犯罪者への罰として用いられていたことは有名だが、江戸時代の中期から後期になると、「粋」なファッションとして爆発的な人気を誇った。

博徒《ばくと》や遊女はもちろんのこと、火消しや飛脚などの職業では、刺青をしていなければむしろ恥であると見なされるほど普及したのである。

しかし、近代的な国家像にそぐわないとして、1872年に装飾用の刺青は非合法化され、以来、刺青をいれる者は少数派になったのだ。

また、明治以前には、夜分に女性の寝所に忍び込み、関係を結ぶ「夜這《よば》い」が日本各地で見られた。童貞の男子が経験豊富な女性に夜這いし、筆おろしをしてもらうケースも多かったが、この夜這いも文明開化を境にタブーとなっていく。

岩倉使節団の面々。左から木戸孝允、山口尚芳、岩倉具視、伊藤博文、大久保利通。欧米12カ国とその植民地のアジアの国々などを視察した。

その理由は諸説あるが、欧米の先進技術を伝えるために来日したお雇い外国人がキリスト教の貞操観念を広めたという説、夜這いを禁止することで性風俗産業を発展させ、経済を活性化させるためだったという説などが有力だ。

◎西洋化の動機は〝危機感〟

様々な弊害をものともせず、急速に進められた西洋化だが、なぜそれほど急ぐ必要があったのだろう。

その最大の動機づけになったのは、1871年から約2年間にわたって行われた**「岩倉使節団」**による欧米の視察だった。

メンバーは岩倉具視《いわくらともみ》を団長に、木戸孝允《きどたかよし》、大久《おおく》保《ぼ》利通《としみち》、伊藤博文《いとうひろぶみ》などそうそうたる顔ぶれからなる107名（留学生なども含む）。国を代表する要人が、まだ明治維新後の混乱が続く国内を2年間も留守にして視察旅行をするなど、常識では考えられないことだった。

彼らはアメリカの大陸横断鉄道に感嘆し、イギリスの製鉄所の巨大さに衝撃を受け、庶民が江戸城よりも高い建物に暮らしていることに度肝を抜かれた。

そして、このカルチャーショックは、次第に強烈な危機感になっていく。なにせ欧米諸国は、**隙あらば日本を植民地にしようと企む競争相手**。彼らが目の当たりにした欧米の圧倒的な国力は、やがて乗り越えなくてはならない巨大な壁でもあったのだ。

日本の要人たちは直にこうした危機感を抱き、腹をくくった。そして、欧米と同等の工業力と商業力を得るため、徹底的な西洋化政策を採る以外に道はないと決断したのである。

非難されることが多い鹿鳴館にしても、その場にいた日本人は真剣そのものだった。海外の賓客に華やかな舞踏会を見せることは、日本の国力を見せるということであり、国際的な地位を高めて**不平等条約や治外法権を撤廃させるためには不可欠**と考えられていたのだ。

西洋化は、国際社会で日本が生き残るための、死に物狂いの戦いだったのである。

解明！

国家主導で西洋化が急速に進められたのは、欧米の圧倒的な国力に対抗するためだった

03 産業力の謎

明治の日本はすでに貿易大国だった？

◎貿易大国だった明治の日本

2015年の国ごとの輸出総額は1位が中国、2位はアメリカときて、3位にドイツが入り、4位が日本である。経済の凋落《ちょうらく》が叫ばれているが、日本はまだまだ世界有数の貿易大国だ。

日本がこうしたポジションを獲得したのは戦後の高度経済成長期からだと思われがちだが、実は、日本はもとの立ち位置にカムバックしただけということをご存知だろうか。

明治の日本は世界的な貿易大国だったのだ。

1873（明治6）年から1877（明治10）年までの輸出額は年平均で2億2125万円、輸入額は2億6586万円。一方、1908（明治41）年から1912（明治45）年までの輸出額は年平均で44億4805万円、輸入額は48億5489万円と、**20倍もの成長を遂げている**（金額は当時のもの）。

明治時代の日本の主な輸入品は、富国強兵のための機械製品や武器だった。だが、輸入してばかりでは、やがて国内の富がなくなって、貿易ができなくなってしまう。規模を拡大しながら貿易を長続

開国後の横浜港の様子。明治初期から生糸の輸出港として世界に名を馳せた。海外の文化と触れることが多く、流行の発信地でもあった。

きさせられるということは、大量の輸入に見合う、強い輸出力をもっていたということになる。

これは植民地主義が根強かったこの時代において、国の発展のために不可欠なことだった。

当時の発展途上国の多くは、先進国からの輸入の際、代金を払うのではなく、鉱山資源や国土を担保にした「借り入れ」の形をとっていた。

こうして借りをつくってしまうと、後々利権を乗っ取られたり、国土を奪われたりして、発展の足かせになることが多かったのだ。

すなわち、**日本は強い輸出力をもっていたからこそ、貿易大国になれた**し、西洋列強の植民地にされることもなかったのである。

◎意外なメイドインジャパン

では、日本は何を輸出していたのだろう。それは**生糸**（絹）だ。生糸をつくりだす蚕は病気に弱いこともあり、飼育が非常に難しかったが、日本では江戸時代から多くの藩が養蚕業に取り組んでいて、養蚕技術の研究も盛んに行われていた。まさに世界的な生糸の生産地だったのである。

とはいえ、生糸は需要が高かったため、ヨーロッパやアジアの他の国でも生産されていた。日本がそうしたライバルに勝てたのは、二つの幸運があったためだ。

一つは、日本が開国したちょうどその頃、ヨーロッパでは蚕の病気が流行し、生糸が品薄状態だったこと。もう一つは、アメリカでの生糸の需要の急増である。

建国当初のアメリカでは、生糸を使った絹製品は贅沢品としてあまり需要がなかった。しかし、発展とともに需要が増え、20世紀初頭には世界の消費量の38％を占める、世界最大の生糸消費国になった。ヨーロッパの生糸が品薄だったため、全消費量のうち7割を日本からの輸入に頼るようになったのである。

このような背景から、1909年には、日本は**世界最大の生糸の輸出国**になっていたのだ。

◎世界の工場・イギリスとの競争

もう一つ、戦前の貿易を語る上で欠かせないのが、綿花から糸をつくる**紡績業**《ぼうせきぎょう》である。文明開化による工業化が進んだ結果、ほぼ24時間操業の大規模な紡績会社が次々と設立され、明治中期には重要な輸出産業になった。

これはよく教科書などで「先進国との厳しい競争をしのいで成功した」などとさらりと解説される

製糸場で働く女工たち。茹でた蚕の繭をほぐし、糸の状態に加工する。（画像提供：国立国会図書館『宮行啓記念宮城県写真帖』）

事柄だが、**実は非常に奇妙なこと**なのだ。

当時、「世界の工場」と呼ばれ、経済力、軍事力ともに最強だったイギリス。綿紡績はイギリスのお家芸で、アメリカやドイツなどのほかの工業国はまるで手出しができなかった。

さらに、日本は綿糸の生産にイギリスから購入した機械を使っており、いくらそれをフル回転させたところで、本家に勝てるはずはない。

実は、ここにも幸運があった。

イギリスが生産する綿布は細い糸を紡いでつくる薄手のものだったが、日本はたまたま**太い糸を紡いだ厚手の綿布を生産**していた。

そして主に東アジアでは、日本が生産した厚手の綿布が好まれたのだ。

つまり、紡績という同じ産業で競争しているように見えて、日本とイギリスはまったく**別の市場に向けて商売をしていた**のである。

製糸工場で働く女工たち。茹でた蚕の繭をほぐし、糸の状態に加工する。（写真提供：国立国会図書館『宮行啓記念宮城県写真帖』）

◎ブラック企業も真っ青な職場

こうした産業に支えられ、日本経済が躍進を遂げていく一方で、製糸業に従事していた人々の労働環境は非常に過酷だった。

当時の製糸工場の労働者は主に農村から身売りされてきた女工たちだった。

多くの工場は1日22時間稼働の昼夜交替制で、**女工は1日11時間も働かされ、残業もほぼ毎日あった**。繁忙期の労働時間はさらに増え、18時間はざら。休憩は1日3回15分ずつで、食事は機械から離れずに摂っていた。

こんな重労働にもかかわらず、明治〜大正期のある工場の場合、月給は6円（現在の約2万円）程度だったとされる。しかも、契約期間中に中途退職すれば借金が残る仕組みだった。

ただし、熟練工となれば、1年間で家が建つほどの収入を得る者もいたとの説もある。

もちろん、すべての工場がこのような状況ではなく、機械製糸場のパイオニアとして知られる**富岡製糸場**の場合、週休制で労働も1日8時間と常識的な業務内容だった。

しかし、これは政府の運営する「模範工場」だったためである。実際、この労働条件では赤字続きだったといわれ、民間に払い下げられた後はブラック化が進んでいった。

また、過酷だったのは労働だけではなかった。

多くの工場では換気もされず、粉塵《ふんじん》が舞い、結核や眼病などを患う者が続出。工場側が休息を与えたり、医師の診察を受けさせたりしなかったため、死者や失明者も少なくなかった。1919年の読売新聞は、工場での契約を終えて帰郷した女工のうち、**15％は栄養不良や呼吸器病患者**だったと報じている。

こうした目を覆いたくなるような状況が生まれた要因は、製糸業が当時の日本にとって、ほとんど**唯一の国際競争力をもった産業**だったことが大きい。まさに製糸工場の業績こそが日本の生命線だったのである。

解明！

製糸業によって日本は産業力を蓄えたが、その裏で工場労働者は過酷な労働環境を強いられていた

04 富国強兵の謎

新興国の日本が戦争に強かったのはなぜ？

◎戦争に強かった日本

大日本帝国というと、真っ先に国中が焼け野原になった太平洋戦争での敗北が頭をよぎる。たしかに最後の最後で完膚《かんぷ》なきまでに叩きのめされたものの、実は、それまでの戦争ではほとんど連戦連勝しているのをご存知だろうか。

これはよく考えると不思議な話だ。当時の国際情勢からみれば日本は、「世界の田舎」だったアジアの新興国に過ぎない。そんな国がアジアの盟主だった清や世界最強クラスの軍事大国だったロシアを次々と倒してしまうのだから。

その謎を解くカギこそが、明治時代初期から推し進められた**「富国強兵《ふこくきょうへい》」**である。産業を振興することで国を富ませ、その財力を使って強い軍をつくるというこの国策。もちろん世界中の後進国が同じことをしようとしていたのだが、日本だけがそれを成し遂げられたのは、なぜだったのだろう。

日清戦争初期の戦闘である「平壌（ピョンヤン）の戦い」を描いた浮世絵の一部（水野年方画）

◎戦前版〝聖域なき構造改革〟

富国強兵は、明治初期に推し進められたさまざまな改革をひっくるめた呼び名だ。**「文明開化」**によって西洋文化や工業技術を積極的に取り入れ、**「地租改正」**で税制を整えて財源を確保、そして**「殖産興業《しょくさんこうぎょう》」**によって造船工場や紡績所、鉱山などのさまざまな産業を立ち上げる。こうして得られた技術や資金、生産力をフル活用して強い軍隊をつくるというのが、おおまかな流れである。

日本が富国強兵を実現できた理由は単純で、**こうした改革を徹底的に進めることができた**ためなのだが、普通、これはなかなか難しい。

というのも、制度を変えれば、それまでの制度によって利益を得ていた人々の反発が生まれるからだ。下手をすれば内乱が起きる可能性もある。現に19世紀から20世紀初頭にかけて、アジア諸国では泥沼の内戦が勃発し、その混乱に乗じた西洋諸国によって国土を奪われたり、植民地にされたりしていた。

日本とほかの国の違いは、**国のトップたち自らが西洋の侵略に多大な危機感を抱いていた**ことだろう。岩倉使節団の西洋視察によってトップたちは西洋の凄まじさを目の当たりにし、震え上がった。「このままでは西洋の奴隷になってしまう」という現実味を帯びた危機感が、平時では不可能な大改革の原動力になったのだ。

◎アジアで最初の国軍の誕生

さて、こうして「富国」はスタートしたわけだが、肝心の「強兵」はどのように生み出されたのだろう。ここでも国を揺るがすほどの大改革が行われていた。

明治維新直後の日本各地には、諸藩がもつ軍事組織「武士団」が点在していたが、明治政府はこの**武士団をすべて解体**してしまう。そして薩摩藩、長州藩、土佐藩などの明治維新の主役となった藩から人員を集め、**アジアで最初の国軍をつくった**のである。

一見、武士団を国軍にしたほうが、効率がいいように思える。しかし、そうもいかなかった。武士団はいわば私兵の集まりで、近代的な訓練も受けておらず、自藩との結びつきが強かった。扱いづらいばかりか、放置しておけば軍閥化し、内戦の火種になる恐れもあったのだ。そうしたリスクを避けるには、一旦すべてをリセットする必要があったのである。

もちろん一部の士族は反発し、１８７７年には西南戦争が勃発してしまう。だが、それを乗り越え

西南戦争に参加した国軍の指揮官たち。軍服に身を包み、西洋式の訓練を受けた日本軍は、西郷隆盛率いる士族たちを鎮圧することに成功した。

ても国軍をつくる価値があった。

国軍のメリットは指揮系統が一本化され、訓練や武器を統一することができることだ。現に西洋諸国に蹂躙《じゅうりん》されていたアジア諸国の軍隊は統制がとれていない私兵集団だった。西洋の軍隊と渡り合うには、近代的な国軍の設立が必要不可欠だったのである。

◎意外と控えめな徴兵制度

国軍の創設とともに、兵力確保の手段として西欧式の**徴兵制度**も導入された。原則的に男子全員に兵役義務を課す徴兵制度を導入したことで、早い段階から**少ないコストで大規模な軍隊を維持することが可能になった**。これも、日本が戦争に強かった理由の一つだ。

徴兵制度の対象となったのは満20歳以上の男子で、4～5月頃に通知が届き、身長、体重、病気の有無などが検査され、合格者のなかから抽選で選ば

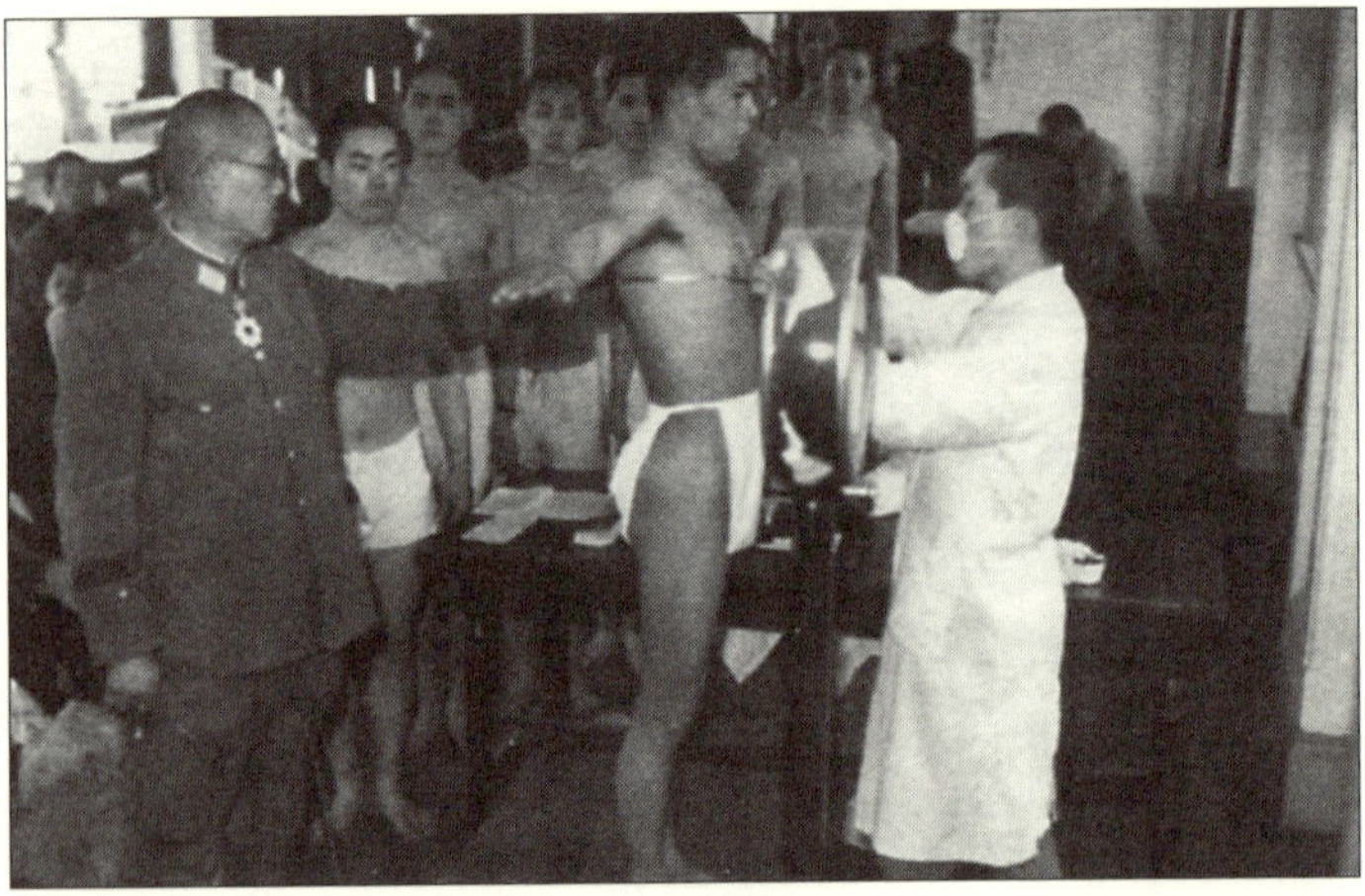

第二次世界大戦当時の徴兵検査の様子。兵士に適した者から甲種、乙種、丙種、丁種、戊種の５段階に分けられた。（画像引用元：『一億人の昭和史３』）

れる仕組みだった。

太平洋戦争時には７００万人以上の国民が戦争に駆りだされたからか、徴兵制度には暗いイメージがついて回るが、明治初期はやや事情が違った。**合格のハードルが非常に高く、10人中１～２人しか合格者が出なかった**うえ、一家の主や跡継ぎ、学生などは兵役を免除されることになっていた。兵役が国民の義務とはいえ、実際に兵隊になったのはごくわずかだったのである。

徴兵される人員が増え始めるのは、外国との戦争が現実味を帯び始めた１８８０年代後半。１８８９年には一家の主も兵隊にとられるようになり、やがて徴兵年齢が17歳に引き下げられた。

昭和に入ると合格の基準も甘くなり、終戦間際の１９４５年には、徴兵検査を受けた者のうち**約９割**が兵隊にされたのだった。

◎徴兵制度を嫌がる人々

ところで、徴兵制度が始まると、おかしな出来事が起き始めた。明治初期から中期にかけて、**養子縁組が異常なほど増加**したのである。

当時の徴兵制度では、一家の主は徴兵を免除されるため、男のいない家庭に養子に入ってその家の主になり、徴兵を回避しようとした人々が続出したためなのだ。

「お国のために」とはいえ、実際は多くの国民が戦争になんて行きたくなかった。そのために編み出されたテクニックが養子縁組だったのだ。

この方法は1889年の徴兵制度の改正で使えなくなるが、ほかにも色々な方法が生まれた。病気の者は除外されるため、**検査の前に指を切ったり、骨を折ったりすることもあった**。また6年以上の懲役や禁錮《きんこ》刑《けい》を受けたことがある者は兵隊になれなかったため、**わざと罪を犯す**者や、もっとシンプルに**〝失踪《しっそう》〟**する者も存在した。

日本を大国へと成長させた富国強兵だが、その裏側ではさまざまな騒動が起こっていたのである。

解明！

近代的な軍隊がなければ西洋に侵略されるという危機感が、富国強兵を後押しし、日本を強くした

05 鉄道インフラの謎

日本初の鉄道は海上を走っていた？

◎鉄道に大はしゃぎした侍たち

現在でこそ生活の一部となった鉄道だが、明治維新の立役者の一人、大久保利通《おおくぼとしみち》が**「鉄道の発展なくしては国家の繁栄はない」**と語ったように、鉄道は近代日本の発展の象徴だった。

日本に最初の鉄道が登場したのは幕末のこと。1854年、幕府はペリーと日米和親条約を締結し、日本は正式に開国した。この際にペリーは電信機や時計、小銃など、さまざまな西洋の道具を幕府に贈呈しており、その一つが蒸気機関車だった。4分の1サイズの模型だったが、実際に走ることができ、アメリカ使節応接所の裏庭にレールを敷いてデモンストレーションが行われた。最大時速は約32キロというから、あまりたいしたことがないように思えるが、幕府の役人たちは心の底から驚愕したという。

このとき、幕臣の河田八之助《かわだはちのすけ》がぜひ乗せてくれと頼み込んでいる。内部は非常に狭く、子どもがなんとか乗れる程度の大きさだったため、屋根にまたがって〝乗車〟し、河田は非常にご満悦だったそうだ。日本が植民地にされるかもしれない緊迫のなか、侍たちは鉄道に大はしゃぎしていたのだ。

ペリーが江戸幕府に贈呈した鉄道模型の試運転の様子（画像提供：国立国会図書館『Narrative of The Expedition of an American Squadron to the China Seas and Japan, Washington』）

◎最初の鉄道路線は海の上!?

その後、1872年に日本で最初の鉄道路線が開通した。新橋と横浜を結び、片道約29キロの道のりを約1時間で走ったという。

だが、その運転風景は実に奇妙なものだった。路線の約3分の1が、**東京湾上につくられた細長い土手の上を通っていた**のである。日本最初の鉄道は海上鉄道だったのだ。

なんとも風流と思われるかも知れないが、実はこれは苦肉の策だった。

鉄道建設には多額の費用が必要になるが、当時は明治政府を樹立したばかりで、なにかと財政が苦しい時期。そんなときに鉄道をつくる必要はないと大反対したのが、軍備増強を唱える西郷隆盛《さいごうたかもり》である。

さらには当初予定していた線路のルートには軍用地や西郷に賛同する薩摩藩邸などが点在し、用地提供をことごとく断られてしまった。

困り果てた鉄道推進派の人々は、**最終手段として海上のルートを選択**したのである。紆余曲折を経ながらも、開通にこぎつけた鉄道は大好評を博し、開通の翌年の**平均利用者は1日約5000人、年間利益は約21万円**という大きな成功を収めたのだった。

◎窓から用を足す人が続出？

鉄道が普及し始めると、現代では考えられないような現象が見られるようになった。**乗客が窓から放尿**する事件が多発したのである。

実は、初期の鉄道にはトイレがなかったのだ。新橋・横浜間ならば乗車時間が短かったので問題にならなかったが、鉄道事業の拡大とともに路線が延長され始めたから大変だ。

尿意を催したときは、駅に着くまで我慢してトイレに駆け込むことになるが、人間、忍耐にも限界がある。やむにやまれず、明治の紳士たちは列車のなかでズボンをおろしたのである。

もちろんこれは犯罪で、10円の罰金が科せられた。この金額は当時の公務員の、初任給の約2倍にもなる。列車内で腹を壊し、窓の外にオナラをした乗客に5円の罰金が科せられたケースもあった。笑ってしまうような話だが、当人たちにはたまったものではなかっただろう。

転機が訪れたのは1888年。この頃、列車が停車した駅のトイレは大混雑が常で、発車間際の列車に慌てて飛び乗る乗客が多いことが問題視されていた。そんななか、ある政府高官が飛び乗る際に誤って転落死してしまったのだ。

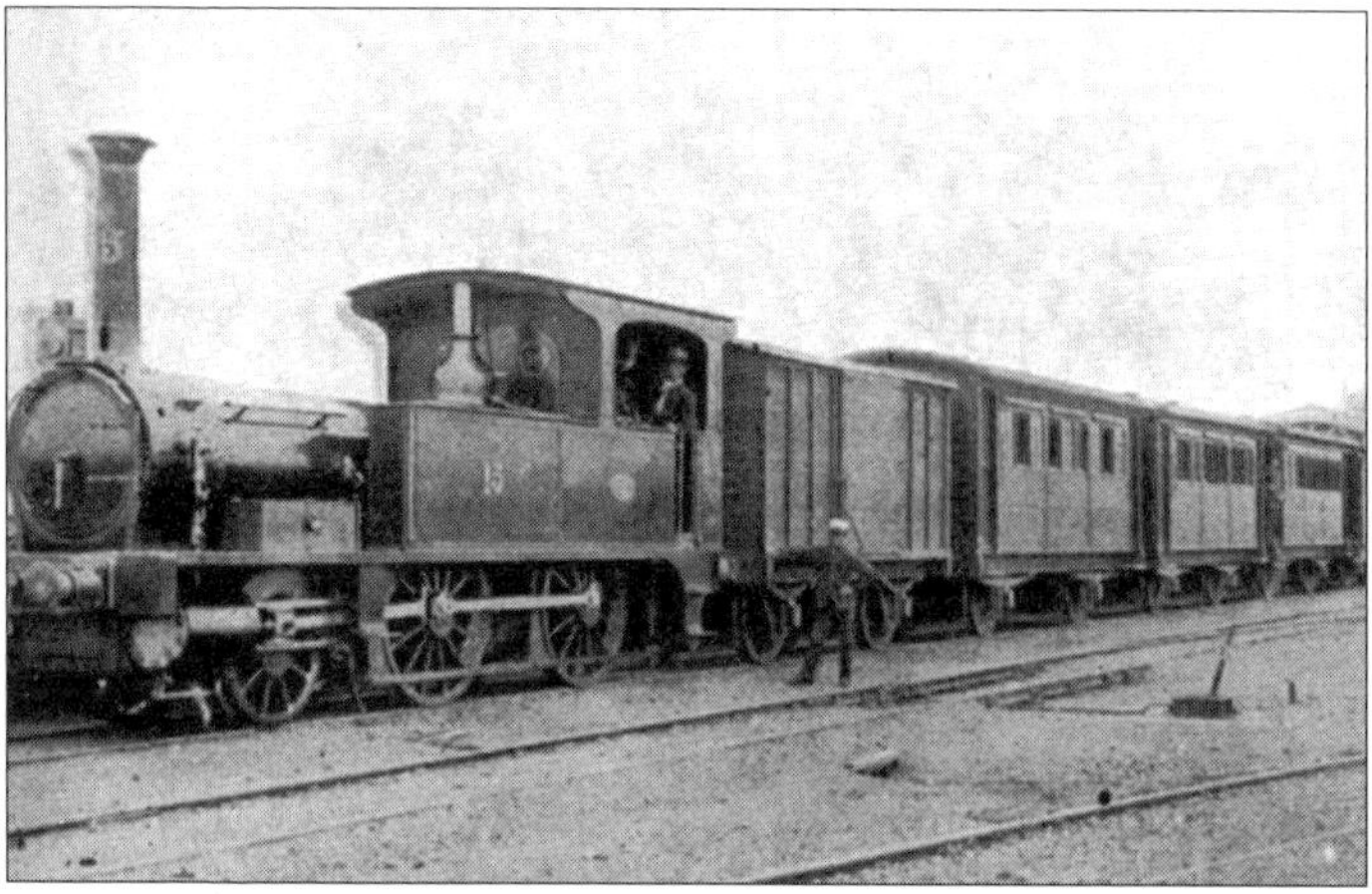

明治初期の鉄道。品川－横浜間で仮開業したのち、新橋－横浜間で正式に鉄道が開業した。

この事故を受けて、**官営鉄道はトイレ付きの列車を次々と導入**していったのである。

◎通勤ラッシュは大正時代から

1895（明治28）年になると市街地に電車が登場し、人々の生活は大きく変わった。

とくに顕著だったのが通勤スタイルの変化だ。明治時代にはすでにサラリーマンが存在したが、多くは徒歩通勤だった。そこに電車が登場し、**郊外から都心へ通勤する人々が現れた**。

だが、これによって新たな社会問題が生じてしまった。**通勤ラッシュ**である。1925年に東京・山手線の環状運転が始まるが、通勤の時間帯の混雑ぶりはかなり苛烈だったようだ。明治から昭和時代の評論家・新居格《にいいたる》はこんなことを書いている。

「サラリーマンの第一の苦痛がラッシュアワーの通勤。電車に乗降する際の混雑が耐え難いのに、タク

明治末期に東京の中央線で導入された女性専用車用。車両中央に「婦人専用」の文字が見える。

ワンの臭いなどの異臭もある」（要約）

これほど混雑していると、良からぬことを企む者も現れる。実は戦前も**痴漢の被害が多かった**。とくに女学生の被害が深刻で、体を凝視されたり、触れたりするケースが続発。その結果、徒歩で通勤・通学する女性が増加し、鉄道会社も頭を悩ませた。

そこで1912年、**東京の中央線で女性専用車両が初めて導入された**。名目は「不良少年の誘惑予防」というものだったが、やがて車両は定員を超えるほどの女性客で賑わった。

中央線の女性専用車両は短期間で廃止になったが、その後も、こうした取り組みは日本各地で繰り返し行われた。

◎戦前からあった新幹線構想

さて、新幹線は日本が世界に誇る技術の一つだが、その建造計画は戦前から存在していた。

計画が持ち上がったのは１９３０年代。当時の日本は産業や植民地の拡大とともに、国内の輸送力の強化が急務とされ、新たな広軌道・高速鉄道が求められていた。

そして１９３８年に東京と関西、九州を結ぶ超特急**「弾丸列車計画」**が打ち出された。それまでは東京・大阪間で最短8時間、東京・九州の下関間で18時間30分を要したのに対し、弾丸列車はその半分の時間で結ぶという、当時としては革命的な計画だった。

さらに、最終的には下関から海底トンネルを掘り、朝鮮半島を経て、**中国の北京まで路線を延ばす計画まで存在した**。成功すれば東京から北京が直通になるという、冗談のようなプロジェクトだが、トンネル建造のための実地調査が数回行われており、本気で実現させようとしていたことがわかる。

弾丸列車計画は太平洋戦争の戦況悪化によって１９４３年に中断してしまう。しかし計画自体は継続し、敗戦から19年後、１９６４年の東海道新幹線の開通によって実現されたのだった。

物資の運搬や人の移動手段として日本の近代化を支えた鉄道は、終戦後も日本のインフラを支え続けているのである。

解明！

財源不足で導入に反対されながらも、鉄道は人と物を運ぶ重要なインフラとなって近代化を支えた

06 第一次世界大戦の謎

大国となった日本の新たな課題とは？

◎講和会議で「五大国」の一員に

西洋諸国の植民地にされる。そうした危機感を抱いた人々が先導し、日本を近代的な強い国家にしようと国全体で邁進してきた。文明国であることをアピールしようと慣れない洋服に身を包んで外国人を舞踏会に招き、国を守るために国軍を創設。さらには鉄道を敷設して交通インフラを整備し、製糸業に注力して産業力の強化を徹底した。

その成果が表れたのは、明治が終わり大正に入ってから少し経った頃だった。

1918年11月、30カ国以上が参戦し、およそ1000万名にも上る戦死者を出した**第一次世界大戦**が終結。戦争によってヨーロッパは荒廃し、多くの一般市民が犠牲となった。まさに未曾有の大戦争だ。

そして日本はといえば、この戦争を通じて名実共に列強の仲間入りをし、**完全に世界に認められる国家**となる。終戦の翌年に開かれた「パリ講和会議」で、日本はイギリス、アメリカ、フランス、イタリアと共に**「五大国」**の一員となったのである。

パリ講和会議における日本の派遣団を撮影した写真の一部。日本はイギリスやアメリカなどと共に、「五大国」の一員としてこの会議に参加した。

さらに、講和条約「ベルサイユ条約」を通じて、日本はドイツが領有していた南太平洋諸島の委任統治権と、中国の山東半島の権益を獲得した。

こうして日本は近代化を遂げ、列強の仲間入りを果たした。しかし同時に、急速に成長する日本に西洋諸国が警戒感を強めたことで、日本は新たな課題に直面することになる。西洋諸国を震撼させた第一次世界大戦の影響は、遠い日本にも及んだのである。

◎紳士的だった日本の兵士たち

まずは第一次世界大戦中の日本の行動を振り返ってみよう。同盟国だったイギリスが戦争に参加していたことから、日本もドイツに宣戦布告。中国配属のドイツ軍を攻撃し、勝利を収めた。

このドイツとの戦闘において、日本は国際法を遵守した。敵国であるドイツに対して紳士的に振る舞い、特に、**捕虜に対する待遇は丁寧だった。**

例えば、青島で捕らえたドイツ軍捕虜約4700名は、日本国内の複数の捕虜収容所に送られたが、彼らが監禁されるようなことはなく、それどころか、**地元住民との交流**も盛んに行われたのである。

徳島県の板東《ばんどう》俘虜収容所ではベートーベンの「交響曲第9番」が披露されたり、似島《にのしま》検疫所では菓子職人のカール・ユーハイムが日本で初めてバウムクーヘンの実演販売を行ったりもした。また、敷島製パンの初代社長・盛田善平も、名古屋俘虜収容所の捕虜だった製パン技師・ハインリッヒ・フロインドリーブを招き、創業を果たしている。

こうしたドイツ人捕虜たちにより、**日本各地にドイツの文化がもたらされた**のである。むろん、それが促されたのは日本政府のドイツ人捕虜に対する厚遇や、地元住民の温かな対応があったからに他ならない。

◎幻となった人種差別撤廃案

そして終戦後、戦勝国の一員として臨んだパリ講和会議で、日本は西洋諸国を驚かせるある考えを提案した。アメリカ大統領ウィルソンが提唱した国際連盟の規約に**「人種差別撤廃」**の条項を盛り込むことを提案し、実現のために積極的に行動したのである。

20世紀初頭、白人による有色人種への差別感情は、今とは比べ物にならないほどひどかった。アジア各国を平気で植民地にしていたのも、有色人種の国を未開国と位置づけ、「自分たちが文明化してやる」という態度があったからだ。また、当時のアメリカ・カリフォルニアでは、日系移民を「職を

パリ講和会議に参加した日本の牧野伸顕全権大使（左）とアメリカのウィルソン大統領。日本が提案した人種差別撤廃案を、アメリカやオーストラリアは強く反発した。

奪う」という理由で嫌悪する排日感情が昂ぶっており、日本人の自尊心を傷つけていた。

こうした差別感情をなくすために、日本は国際会議の場で初めて、人種差別問題を明確に主張したのである。

ただ、人種の平等を提案しながらも、日本は大戦中から中国に対して強硬な態度をとっており、領土の割譲や権益拡大をむりやり認めさせていた。本当の意味で日本が人種差別の撤廃を考えていたかは微妙なところでだろう。

とはいえ、これまで西洋諸国からはまったく話題にされなかった人種差別という問題に、黄色人種国家である日本が提案した意義は決して小さくない。

実際、人道的な面から賛成する国は多く、出席国16票中11票の賛成を獲得することができた。

しかし、アメリカやオーストラリアなどの猛反対を受け、議長のウィルソンは、それまでの議決がす

1920 年 11 月 15 日にスイスのジュネーヴで開かれた国際連盟第 1 回総会の様子

べて多数決であったにもかかわらず、**「全会一致が必要である」**との裁定を下してしまったのだ。

その後、1920年に「国際連盟」が発足。当初42カ国が参加し、日本はイギリス、フランス、イタリアと共に常任理事国となり、第一次世界大戦の教訓から戦争のない国際秩序をつくろうとした。だが、ここでもアメリカは、自国の大統領が提案したにもかかわらず、**米国議会の承認を得られず、国際連盟への加盟を拒否**した。

こうした勝手な行動を見て、日本もまた、アメリカに対する反感を募らせていくのである。

◎止まらないアメリカの圧力

西洋諸国からの圧力はこれだけでは終わらなかった。パラオ・マーシャル諸島の統治権を認められていた日本に対し、またしてもアメリカから横槍が入ったのである。

アメリカは、自国が統治するハワイとフィリピンの間に位置するパラオ・マーシャル諸島の統治権を日本が得たことで、自らの東アジアや太平洋地域の権益維持について、不安を覚えた。加えて、当時世界最大の海運国だったイギリスも、アジアや太平洋における自国の権益を守るため、アメリカ同様、日本の増長を恐れ始めた。ロシア帝国が崩壊していたため、日本との同盟関係を維持する必要もない。

こうした米英の思惑を背景に開かれたのが、1921年から1922年にかけての「ワシントン軍縮会議」である。この会議により、**日英同盟は破棄、日本の主力艦比率は米英の6割に抑えられ、**さらに、**山東半島の権益の多くを中国に返還**することとなった。

日本政府がこうした米英の申し出を受け入れたのは、世界からの孤立を恐れたためだったが、その一方で、**軍部の不満は大いに高まった**。

こうして、産業力を蓄えた日本は近代国家の仲間入りを果たし、中国、そしてアメリカやイギリスと外交面で緊張をかかえながらも、さらなる経済成長を目指して国際社会で舵を取っていくことになったのである。

解明！

第一次世界大戦後、日本は世界の大国となったが、外交問題で英米中と対立するようになった

第二章
世界を驚かせた大日本帝国の科学力

07 科学力の謎

日本の科学力は世界レベルだった？

◎第1回ノーベル賞を逃した日本人

大日本帝国が西洋列強と比較しても、高い科学水準を誇っていたことをご存知だろうか。科学分野の最高の栄誉であるノーベル賞が始まったのは1901年。しばらくの間、受賞者はすべて西洋人であったが、初めて東洋人で受賞した人物は、物理学者・湯川秀樹《ゆかわひでき》だった。

受賞自体は大日本帝国が崩壊した4年後の1949年だが、湯川は1935年に、物質の根本的な材料である「原子」は、その内部に存在する「中間子」という粒子によって成り立っていることを予言した。そして、後にイギリスの科学者によって湯川の説が正しいことが証明されノーベル賞に輝いたのである。

だが、**実は第1回ノーベル賞に輝くはずだった日本人がいた**ことはあまり知られていない。その人物こそ、「日本の細菌学の父」と呼ばれる**北里柴三郎**《きたさとしばさぶろう》である。

彼は1889年にそれまで誰も成功しなかった破傷風菌の培養に成功。その毒素を少しずつ実験動

相対性理論の提唱で知られるアインシュタイン博士（左）と東洋人で初めてノーベル賞を受賞した湯川秀樹博士（右）。

物に注射することで抗体を生み出すという**「血清療法」を確立**した。

そして1901年、この偉業にノーベル生理学・医学賞が授与される。しかし、受賞者は北里ではなく、北里と共同で研究を行っていたドイツ人医学者のエミール・ベーリングだった。

受賞の決め手となった論文の著者名がベーリング一人のものだったため、北里は実験データを提供しただけとみなされてしまったのだ。

当時は、複数人の共同名でノーベル賞を受賞させるという発想がなかったのである。

◎ビタミンの発見者は日本人？

北里のように、大日本帝国には不遇な科学者が多かった。今では誰もが知っている**「ビタミン」を世界で初めて発見**した鈴木《すずき》梅太郎《うめたろう》もそのひとりだ。

鈴木が研究に打ち込んでいた時代、日本では脚気が深刻な社会問題になっており、年間1万〜3万人もの死者が出ていた。脚気はビタミンB1の不足が原因で発症する病だが、当時は未解明で、伝染病の一種と考えられていた。

鈴木は栄養学の研究をするうちに、白米だけを与え続けた動物が脚気で死ぬこと、米ぬかなどを与えると脚気から回復することを発見。米ぬかには未知の栄養分が含まれていることに気付いた鈴木は、これを「オリザニン」と名付け、1910年に論文で発表した。これこそ現在ビタミンB1として知られている成分だった。

ところが、鈴木の論文が海外で翻訳された際、オリザニンが未知の有効成分であるという肝心の部分が訳されず、この些細なミスによって世界からはほとんど注目されなかったのだ。

そして1911年、今度はポーランドのカシミール・フンクが鈴木と同様の論文を発表。これは世界中の関心を集め、米ぬかの未知の成分はフンクが名付けたビタミンという名で定着したのである。

歴史がわずかに違えば、北里も鈴木も今よりはるかに大きく名を轟《とどろ》かせていたに違いない。

◎大日本帝国製のロボット

大日本帝国では、1928年に**東洋初となるロボットの開発**まで行われている。その名も「學天《がくてん》則《そく》」。昭和天皇の即位を記念した大礼《たいれい》記念京都大博覧会のためにつくられたものだ。

高さ約3・5メートル、幅約3メートルもの巨体で、ゴムチューブから供給される空気圧を原動力に、表情を変えたり、腕を動かしたりすることができた。また、瞑想することでインスピレーション

東洋初のロボットといわれた學天則。2007年、大阪市立科学館によって復元が試みられ、2100万円もの費用がかかった。

を得ると、**手にしたペンを動かして文字を書く機能も備えていた**という。

　なんとも異様なロボットだが、そこには製作者の美学がふんだんに盛り込まれていた。

　學天則を作ったのは、機械工学の学者ではなく、阿寒湖のマリモを研究していた西村真琴《にしむらまこと》。彼は生物学者ならではのこだわりから、人間が利用するための奴隷のような機械ではなく、血の通う生物を再現したいと考えていた。また、學天則の顔はあえて特定の人種に似せず、さまざまな人種の特徴を盛り込むことで、各民族が戦争を捨て、協力しあうようにとの願いが込められていたという。

　ロボット開発の最先端をいく現代日本だが、その特徴はＡＳＩＭＯに代表される人型ロボットへの美学だろう。その遺伝子は大日本帝国時代から受け継がれたものだったのである。

　ちなみに、學天則はさまざまな博覧会の目玉と

ビタミンB1を発見した鈴木梅太郎（左）とグルタミン酸を発見した池田菊苗（右）。グルタミン酸を用いた調味料は、「日本の十大発明」の一つになっている。

して人気を集め、のちにドイツに売却されたというが、その後の行方はわかっていない。

◎「うま味」の発見

物を食べると、**「うま味《み》」**を感じる。これはごく当たり前のことに思えるが、そもそもうま味とは何なのだろう？

この素朴な疑問を解き明かしたのも、大日本帝国の科学者だった。

明治時代まで、人間が感じる味は、甘味、酸味、苦味、塩味の四つだけと考えられていた。

しかし、昆布やカツオ節などからダシを取ると料理の味にはコクが加わる。

東京帝国大学の池田《いけだ》菊苗《きくなえ》は、このコクを「うまい」と感じるのだから、5番目の味である「うま味」があるに違いないと考えた。

早速、うま味を感じさせる成分を探し始めた池田だが、方法は**大量の昆布を煮だすだけ**という、驚くほどシンプルなもの。しかも、この研究は池田にとって専門外で、大学の研究室を使えなかったため、自宅で行われたという。

そして１９０８年、昆布から白い粉末状の物質を抽出することに成功する。この物質こそ、グルタミン酸ナトリウム。探し求めていたうま味の成分そのものだった。

うま味の発見は食の常識を覆すほどの偉業に違いなかったが、意外なことに西洋ではほとんど評価されなかった。西洋では、コンソメなど一部の例外はあるものの、ダシをとるという調理法に馴染みが薄かったため、そもそもうま味という感覚自体が認知されていなかったのだ。

けれど、２０００年、舌の味蕾《みらい》にグルタミン酸を受容する細胞が発見され、今日ではＵＭＡＭＩという単語で国際的に認められている。

ちなみに、このうま味成分グルタミン酸ナトリウムを使ってつくられた調味料が**「味の素」**だ。

このように、ロボット研究に代表されるテクノロジーや、現在も多くの家庭で愛される万能調味料は、大日本帝国の偉大な研究の賜物なのである。

解明！

ノーベル賞級の研究やロボットの開発など、日本の科学力は西洋に負けない高いレベルにあった

08 国産兵器開発の謎

独立維持には国産兵器が不可欠だった？

◎外国依存だった日本

明治維新を果たし、近代化を目指した日本であったが、政治の仕組みや生活様式は変えられても、技術力まで急速に高めることは難しかった。

そこで、軍備の近代化を進める初期の日本軍が頼ったのが、外国製の兵器だった。陸軍が採用したイギリス製の小銃「エンフィールド銃」「スナイドル銃」や、海軍が採用した、同じくイギリス製の「マルティニ・ヘンリー銃」などは、その好例である。

しかし、これらの兵器は欧州で旧式となったものばかりだった。さらに問題なのは、軍が外国に頼りきっているという状況は、いわば**他国に軍の手綱を握られている**ということでもある。これから先、外国との関係が悪化すれば、兵器の価格を吊り上げられたり、または供給を止められてしまい、戦わずして軍を無力化させられるという可能性も充分に考えられた。

しかも、明治初期といえば、列強国によるアジア侵略が盛んな時期でもあり、いつ外国との戦争が

日清戦争時、初の国産小銃である「村田銃」を武器に戦う日本兵たち。列強の最新式小銃に匹敵する性能を誇った。

起きるかわからなかった。日本が独立を維持するためには、**列強に負けない高性能兵器を自国で開発・量産することが必要不可欠だった**のである。

◎「村田銃」の誕生

軍が成長するためには国産兵器が必要だ。そう感じて先進国の兵器を研究し、初の国産小銃を開発したのが、**「日本製小銃の父」**と呼ばれた陸軍軍人・村田経芳《つねよし》である。

村田は薩摩藩主の島津斉彬《なりあきら》から信頼された藩士のひとりであり、空中に投げられた硬貨を打ち抜けるほどの腕前を誇る鉄砲の名人でもあった。

倒幕派の一員として戊辰戦争や箱館の戦いで活躍した村田は、維新後も軍に残り、組織の強化に勤しんだ。そんな村田が重要視したのが「小銃」だったのである。

1875年にヨーロッパを視察した村田は、帰国後、早速兵器の開発に取りかかった。そうして1880年に完成したのが、**初の国産兵器「十三年式村田銃」**である。

この銃は、体格が小さい日本人にあわせ、スナイドル銃と比べ1割の軽量化に成功していた。代わりに銃口は約11ミリと小さいものになったが、最大射程は約1700メートルを超え、**総合的な性能は列強の最新式小銃に匹敵**するものだった。

フランスの「グラース銃」を参考にした部分はあったものの、それでも日本がはじめて国産兵器の開発に成功した事実に変わりはない。十三年式は後に海軍にも採用されることとなる。

これによって、日本軍は銃器を1種類に統一するという、いわゆる「軍銃一定」を成し遂げることができ、外国依存から抜け出す一歩を踏み出したのである。

◎実戦で大勝を収める

国産兵器開発はその後も力が注がれた。十三年式村田銃誕生から5年後には、改良型の「十八年式村田銃」が誕生し、さらにその翌年には、主力部隊のほとんどが村田銃を装備するに至った。

そして、日清戦争という実戦の場で、ついにこの小銃の真価が問われる日がやってきた。

他国製の旧式兵器や刀剣で攻めてくる清軍に対し、日本軍は村田銃による一斉射撃で迎え撃った。その結果、兵器の質と兵隊の訓練度の差が決定打となり、戦争は日本の大勝で終わる。そして講和条約である下関条約を結んで、日本は2億両もの賠償金を手にすることになった。当時の日本円に換算

「日本製小銃の父」こと村田経芳と、十三年式、十八年式に続き彼が開発した「二十二年式村田連発銃」

すれば約4億円で、**国家予算の約4倍**に相当する途方もない金額だった。

日本政府はこの賠償金を使い、さらなる国力の増強と軍拡を推し進める。1901年に操業を開始した福岡県の八幡製鉄所も、賠償金によって建設された施設の一つである。

そしてこのような国内産業への投資がきっかけとなって、兵器開発分野も成長を遂げることができたのである。

◎進化していく日本製小銃

改良はさらに続いた。1889年、村田は十八年式に次ぐ小銃「二十二年式村田連発銃」を開発。撃つ度に弾を入れ替える必要があった十八年式とは違い、8発の弾を弾倉に詰め込むことで連射を可能とした。ただ、複雑な構造のために故障が相次いだ。

そこで、村田の後継者である有坂成章《ありさかなりあきら》砲兵大佐

国産戦艦第一号「薩摩」。1905年から横須賀海軍工廠で製造され、1910年に竣工した。

は連発銃の改良を思い立った。

有坂は、弾数を8発から5発にすることで重量を減らし、村田銃より撃ちやすくすることを可能にした。そして細かな改良を加え、「三十年式歩兵銃」を完成させる。この銃は、日露戦争における歩兵部隊の主力兵器として使用されることになった。

しかし、この三十年式歩兵銃も、満州の厳しい気候で故障することがたびたびあった。

その教訓を生かして作られたのが、かの有名な**「三十八年式小銃（三八式歩兵銃）」**だ。

三十八年式小銃は、厳しい気候にも耐えられるよう防塵カバーを備え、弾丸の初速は秒速約760メートルと、同世代の小銃と比べても格段に速かった。

重量が約4キロとやや重く、長時間の戦闘には不向きという欠点はあったものの、銃の性能は列強に勝るとも劣らず、三十八年式が**日本小銃の決定版**であったことには変わりはない。

◎次々と生まれる国産兵器

もちろん、国内で開発された兵器は小銃だけではない。1891年には、大阪造兵廠が15センチと9センチの臼砲《きゅうほう》（砲身が短く口径が大きな大砲）を試作しており、これらは、外国製の大砲と共に日清戦争へ投入された。

また、1898年には有坂大佐が開発した「三十一年式速射野砲」が採用され、こちらは日露戦争で大いに活躍している。

一方、海軍も負けてはおらず、ロシア艦隊撃滅のための戦艦製造をもくろみ、結果として日露戦争には間に合わなかったが、1910年に**国産戦艦第一号の「薩摩」が竣工**している。

「薩摩」の完成以降、それまで外国頼みであった主力艦も国産へとシフトしていき、大正を迎える頃には、外国に軍艦製造を発注することはほとんどなくなっていた。

こうして、日露戦争以降も国産兵器の開発は続き、最終的には航空機や戦車の国内生産までが可能になった。「ものづくり日本」の実力は、当時の兵器開発にも見られたのである。

解明！

外国依存解消のために国産兵器開発は始まり、小銃、戦艦、航空機など優れた国産兵器が誕生した

09 零戦の謎

無敵の零戦が犠牲にしたものとは？

◎**「零式艦上戦闘機」誕生**

日中戦争真っ最中の1937年、海軍は次代を担う高性能戦闘機の開発を技術者たちに命令した。戦場では「九六式艦上戦闘機（九六式艦戦）」が中国軍を追い詰めていたが、この戦争を確実に勝利し、きたるべきアメリカとの戦闘で有利に戦うには、より強力な機体が必要不可欠だった。

そこで新たに開発されたのが、**日本軍最強の戦闘機「零戦《ぜろせん》」**だ。開発の中心となったのは、三菱重工業の航空技術者・堀越二郎《ほりこしじろう》である。

1940年7月に海軍に制式採用された零戦の活躍は、すさまじいの一言に尽きた。同年9月の初陣にて、**13機で27機の中国軍機を全機撃墜し、味方の損失は皆無**という大戦果をいきなり挙げたのだ。

その後、太平洋戦争が始まっても零戦の優位は変わらなかった。アメリカ軍の主力戦闘機だった「F4F（ワイルドキャット）」でさえ、零戦の前ではなす術もなく撃ち落とされていった。その様子を見たアメリカ軍のパイロットたちは、**零戦を「ゼロファイター」**

開発当時、世界最強の戦闘機だった零戦。堀越によると零戦は全部で1万425機生産されたという。

と呼んで恐れおののいたという。

◎開発までの苦労

零戦がここまで強かったのはなぜだろうか？　それは、機体を徹底的に軽量化したことによって、他国戦闘機をはるかに凌ぐ機動性を実現したからだ。

零戦の開発にあたり、海軍は厳しい条件を出した。九六式艦戦を大きく上回る速度と航続距離、重武装を要求する一方、九六式艦戦並の運動性と操縦性も維持せよという無茶を言い渡したのである。

普通なら、速度と武装を重視すれば重量が増して舵の利きが悪くなり、運動性も損なわれてしまう。問題を解決しようと思ったら高出力エンジンのパワーで速度を増す必要があるが、当時の日本には最大1000馬力の低出力エンジンしかなかった。

堀越は要求の見直しを何度も求めたが、軍は要求を曲げなかった。そこで苦肉の策として堀越が採ったのが、**「限界以上の軽量化」**だったのである。

堀越らは零戦を軽くするために、**機体の至るところに肉抜き穴を開けた。**さらに、材料のジュラルミンは薄めのものを使用し、他の航空機では当たり前に見られた**コックピットの防弾板さえ取り外した。**

こうした努力の甲斐あって、零戦は九六式艦戦並みの攻撃力とアメリカ軍の戦闘機を上回る高速飛行・運動性の実現に成功。戦場に導入されると、まさに無敵の強さを誇ったのである。

しかし、過度の機体軽量化は、零戦に強さをもたらしたと同時に、致命的な弱点を生むことにもなってしまった。

◎防御力が低かった零戦

開発当初は向かうところ敵なしだった零戦だが、1942年6月の**「ミッドウェー海戦」における敗戦を境に、苦戦することが多くなった。**

アメリカ軍が零戦を徹底的に研究し、戦術を一対一の格闘戦から、2機1組の急降下による一撃離脱戦法に切り換えたためだ。

格闘戦を想定して設計された零戦は、敵の新戦術に苦戦を余儀なくされた。だが、それでも零戦部隊は単機格闘戦法に固執した。いや、固執せざるを得なかった。

徹底した軽量化で高い機動性を獲得した反面、零戦は**機体強度が犠牲にされていたのである。**もし、アメリカ軍戦闘機のように急降下をすれば、機体に莫大な負荷がかかって破損し、下手をすれば**空中**

零戦の設計チーム。中央が堀越二郎。

分解する可能性もあった。

また、燃料タンクを主翼内にまで広げていたため、わずかな被弾で燃え上がり、パイロットの生存率を低下させていた。零戦は、戦闘力は非常に高い一方、**防御力が極端に低い戦闘機**だったのである。

その後、アメリカ軍がF4Fの後継機「F6F」を投入すると、零戦はさらなる苦戦を強いられる。

アメリカに研究されつくした零戦は、1944年のマリアナ沖海戦において、**「マリアナの七面鳥撃ち」**と呼ばれるほど一方的に撃ち落とされ、多くのパイロットが命を失ったのである。その後、零戦は当初の活躍が嘘だったかのように敗北を重ねた。

そしてマリアナ沖の敗北からおよそ4カ月後、零戦は**「特攻」**を命じられることになる。主力機の零戦は量産されていたため数が多く、新米でも操縦しやすかったため、特攻機に最適だったのである。

ただし、低馬力で装甲が脆い零戦に約250キロ

アリューシャン列島に不時着した零戦。この機体は米軍に接収されたのち、さまざまな戦闘機との戦闘実験に使用され、その弱点を徹底的に研究された。

の爆弾を固縛したせいで、持ち味のスピードは失われた。よたよたとふらつきながら飛んでくる零戦は敵の的にされたため、特攻の成功率は低かった。

結局、零戦は過去の栄光を取り戻すことなく、終戦を迎えたのである。

◎後継機が出ないという不幸

優れた性能を持ちながらも、最後はなすすべもなく零戦は撃墜された。しかし、もしも**優れた後継機を開発することができていれば**、ここまで零戦に頼ることもなかっただろう。

実際、このままではまずいと零戦の後継機はいくつか開発が進められていた。だが、予算や資源の不足等で中止されたり、終戦までに間に合わなかったりして、結局後継機の開発は間に合わなかった。

零戦そのものの改造も試みられたが、最高速度は初期型から大きく向上することはなかった。初期型の開発時点でかなり無理をしていたぶん、その後に改良の手を加える余地がなかったのである。

確かに零戦は、日本の技術の総力を結集して造られた名機だった。だが、総力を結集してしまったからこそ、それ以上の発展が望めない、**完成された戦闘機**となってしまったのだ。

ちなみに、終戦後、残存する零戦はすべてが廃棄処分となったが、海外で見つかった残骸が何機か復元されており、実物を見ることができる。

例えば、靖国神社の遊就館には、五二型という後期の零戦が展示されているし、静岡県浜松市の航空自衛隊広報施設エアーパークでも、同様に零戦を見ることができる。

また、2016年1月下旬には、海上自衛隊鹿島航空基地においてエンジン付きの零戦が復元され、試験飛行を行っている。さらにカリフォルニア州の「プレーンズ・オブ・フェーム航空博物館」にも、アメリカ軍がサイパン島で無傷のまま接収した零戦が展示されており、**当時のエンジンのままで飛行可能な世界で唯一の機体**として知られている。限界を超えた奇跡の戦闘機は、その役目を終えた現在でも、見るものの心をつかんでやまない。


解明！

高い機動性で敵を翻弄した零戦だが、それは防御を無視して限界まで性能を高めたからだった

10 潜水艦技術の謎

終戦間際に完成した究極の潜水艦とは？

◎「潜水空母」とも呼ばれた「伊四〇〇型」

2013年12月、ハワイから、あるニュースが届いた。

ハワイ大学の海洋調査研究所が、オアフ島の南西沖、深さ約700メートルの海底で、8月に潜水艦らしき残骸を発見したと発表。それは、太平洋戦争後にアメリカ海軍の手によって処分された日本海軍の潜水艦「伊四〇〇型」の1番艦「伊号第四〇〇潜水艦」だと判明した。

伊四〇〇型の全貌を見た人は、そのとんでもないスケールに驚いたにちがいない。全長122メートル、全幅12メートルという、太平洋戦争当時では世界最大の大きさを誇り、排水量は軽巡洋艦並の3530トン、速度も戦艦並の18・7ノットもあった。

その性能もすごい。航続距離は、地球を1周半以上できる約7万キロにも及び、無補給で約4カ月航行することが可能だった。

そのうえ、重装備の攻撃機を3機搭載することができ、カタパルトによる発艦が可能になっていた

「伊四〇〇型」潜水艦１番艦「伊号第四〇〇潜水艦」（画像提供：大和ミュージアム）

のである。これこそが「伊四〇〇型」の最大の特徴であり、**「潜水空母」**という異名をつけられたゆえんでもある。

それ以前にも航空機を積める潜水艦はあったが、搭載できるのは、水上で離着水する小型の水上機１機だけで、発艦のための装備もなかった。加えて、この水上機は軽量軽装備の偵察機であり、本格的な攻撃をすることはできない。

このため、攻撃機が３機も積めて、さらにカタパルトで発艦もできる伊四〇〇型はとても画期的な潜水艦だった。まさに、日本海軍の誇る、**究極の潜水艦**だったのである。

◎潜水艦の使い方

世界初の近代的な潜水艦は、１９００年にアメリカ海軍で就役した「ホランド」である。海中に潜って攻撃を仕掛けるという隠密兵器は、その後世界中で注目された。

各国はこぞって潜水艦の開発を進め、日本海軍もそれに乗じたのである。

日本は、手始めにアメリカから5隻の潜水艦を購入し、その後、ライセンス生産を行うようになった。それからさらに時が経ち、1922年のワシントン海軍軍縮条約、そして1930年のロンドン海軍軍縮条約により、一時戦力が衰えた日本海軍は、潜水艦による水上艦への攻撃を考えるようになった。

それまでの潜水艦の主な任務は、商船を攻撃することによって物資の輸送を妨害する「通商破壊」だった。戦艦や巡洋艦といった水上艦と比べて、潜水艦はスピードと装備に劣るため、非武装の船舶しかターゲットにできなかったのである。

だが、**水上艦と同程度の装備と速度を備えた水上艦並の潜水艦を造れば、潜水艦でも武装船と戦えるだろう**――のちに日本海軍はそのように考え、新型潜水艦の開発に着手するのである。

◎「伊四〇〇型」「晴嵐」の完成

あまり知られていないことだが、実は、日本軍は1942年2月にアメリカ・カリフォルニア州の石油製油所を、6月にはカナダ・バンクーバー島のカナダ軍無線羅針局と米オレゴン州のアメリカ海軍基地を砲撃している。

さらにこの年の9月には、オレゴン州の森林部に、2回空襲を行っている。砲撃は、艦隊護衛の必要がない潜水艦から行われたものであり、また、空襲は潜水艦に載せた改造型の水上偵察機が行ったもの

1921 年のワシントン軍縮会議の様子。翌年に軍縮条約が結ばれ、巨大戦艦の建造制限が決められたが、対象外だった潜水艦に日本を含めた各国は目を付け、開発研究を進めた。

だった。

といっても、これらの攻撃でアメリカに与えた被害は些少であり、日本軍もアメリカに本土攻撃というプレッシャーを与えることを目的としていた。

しかし、その後戦況が悪化し始めると、日本は真剣にアメリカ本土への空襲を考えるようになった。同時に、大西洋から太平洋へのアメリカ艦艇の移動を阻止するため、パナマ運河の攻撃も考案された。

そこで必要とされたのが、**敵に気づかれないよう太平洋を横断でき、かつ、本格的な攻撃機を搭載できる潜水艦**だった。

このような経緯から、1943年1月、「伊号第四〇〇潜水艦（伊四〇〇）」を1番艦とする伊四〇〇型の建造が始まったのである。

そして、1944年12月、1番艦伊四〇〇が完成し、翌年には姉妹艦の「伊四〇一」「伊四〇二」も完成した。加えて、これら「伊四〇〇型」に3機

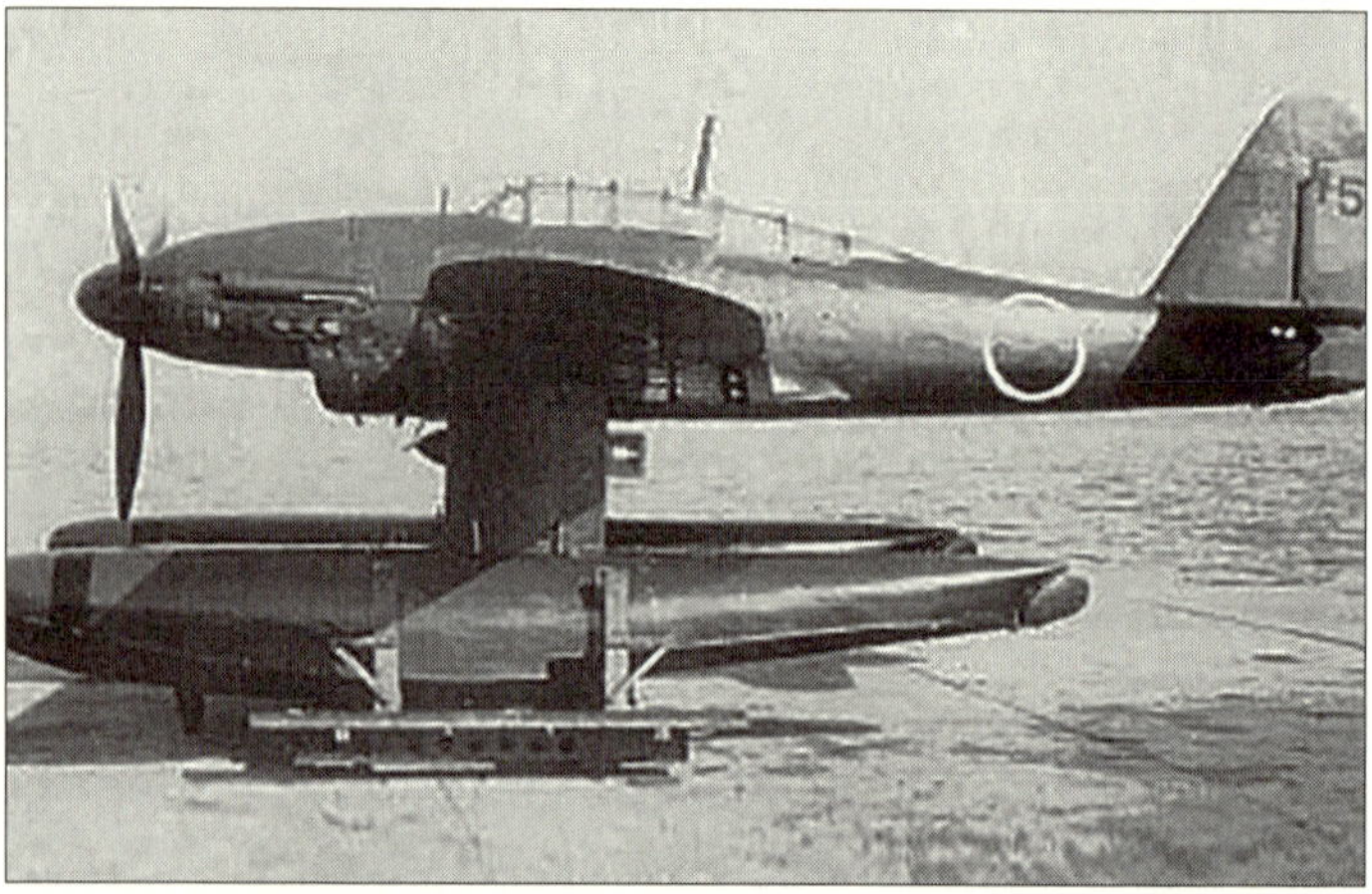
「伊四〇〇型」搭載用に開発された航空機「晴嵐」。急降下爆撃が可能な、小型軽量の水上攻撃機である。

搭載することが可能な特殊攻撃機「晴嵐《せいらん》」も完成していた。

この他、晴嵐を2機搭載できる潜水艦「伊一三型」も2隻建造され、これらの潜水艦隊をうまく用いれば、アメリカに対し起死回生の攻撃を加えることもできるかに思えた。

◎出撃直前に終戦を迎える

しかし、時すでに遅しだった。

乗務員の操作訓練や晴嵐の発着訓練を終えた頃には、太平洋どころか日本本土周辺の制海権と制空権は、完全にアメリカ海軍の手に渡っていた。そのため、アメリカ本土やパナマ運河を目指すどころか、**日本を出港することすら困難**な状態だったのである。

それでも、日本海軍は攻撃をあきらめなかった。1945年7月、伊四〇〇型の潜水艦隊は、西太平洋の南にあるアメリカ軍のウルシー停泊地に向け、ひっそりと出撃。攻撃開始予定日は8月17日に決まり、船員たちは攻撃に備えたのである。

しかし、攻撃の2日前に日本がポツダム宣言を受諾したことでこの作戦は中止。戦争が終結したことで、潜水艦隊は標的地を目前にしながら役目を終えることとなった。

終戦後、伊四〇〇型はアメリカ軍によって接収され、いったん横須賀に帰港した。その後、佐世保を経てアメリカ本土に送られ、技術調査の対象となった。そして、姉妹艦の伊四〇二は1946年4月に長崎県五島列島北で実艦標的として撃沈処分され、伊四〇〇と伊四〇一は、同年6月、ハワイ近海で同じく実艦標的として撃沈処分された。

なお、接収の際、伊四〇〇型を見たアメリカ軍の担当者は、その大きさもさることながら、技術力の高さに驚いたという。**その後撃沈処分となったのは、伊四〇〇型の高度な技術情報がソ連に漏れることを恐れたため**という説もあるほどだ。

日本海軍が技術の粋を集めて誕生させた伊四〇〇型潜水艦。もしもっと早くに完成していたら、敗色が濃厚だった趨勢を変えていたかもしれない。

解明！

伊四〇〇型潜水艦に代表されるように、日本海軍の潜水艦技術は世界トップクラスの水準にあった

11 教育制度の謎

日本の教育制度は何が優れていた？

◎官主導の教育体制

戦前から、日本は科学研究を盛んに行い、北里柴三郎や野口英世など、優秀な科学者を多数輩出してきた。また、高性能の国内兵器を量産し、西洋諸国に負けない軍隊をつくり上げた。

なぜ新興国の日本がそのような成長を遂げることができたのか？　それは、日本が**アジアで一歩抜きん出た教育制度を確立していた**からだ。

戦前の日本の教育で最も注目すべき点は、**大学教育の充実**である。

国を強くするためには、外国の機械を輸入するだけではだめだ、自分たちで産業を興さなければいけない。そう考えた明治政府の主導者たちは、国の発展を支える人材を育成するため、国家主導で高等教育機関をつくり上げた。

特に力を入れたのが、**理工系の教育**だ。

例えば、東京大学工学部の前身の一つである工部大学校は、維新からわずか3年後の1871年に

1871 年に設立された官営の理工系教育機関・工部大学校。お雇い外国人によって、建築、造船、電信など、工業力強化には必要不可欠な技術を教えられた。

設置され、実践的な教育が行われた。優秀な学生は学費を免除され、将来は官庁での勤務が約束されたというのだから、理工系教育がいかに重んじられていたかがよくわかる。

このように、明治初期から政府が高等教育に力を入れて土台をつくったからこそ、のちに各地のキャンパスからは日本物理学の権威である仁科芳雄や、戦後ノーベル物理学賞を受賞する湯川秀樹のような逸材が生まれるようになったのである。

また、現在でこそ二人に一人が大学に進学するが、当時の大学進学率は10パーセント以下で、**世代別人口の1パーセントを超えることがなかった**。つまり超難関だ。学生への社会的な期待は、今の比ではなかっただろう。

もちろん、すべてが順調だったわけではない。戦中は軍隊教育を優先して理工系以外の大学生は戦場に送られたし、女性は大学教育など高等教育を受けることができないという問題は残っていた。

しかし、このような教育制度は当時の欧米と比べても引けを取らなかったし、戦前日本の発展と躍進の原動力となったのも間違いない。当時の蓄積があったからこそ、戦後も日本は技術大国として成長することができたのである。

◎日本陸軍の将兵教育

では、近代化を支えたもう一つの柱である**軍隊教育**は、どのような仕組みだったのだろうか。

まずは陸軍の将官教育システムを見ていこう。徴兵された兵士たちは下士官向けの学校で基礎を学ぶが、現場を指揮する士官候補生になりたい場合は「陸軍幼年学校」に進学する。東京、仙台、名古屋、大阪、広島、熊本の6校を構え、13～14歳の少年のみに入学資格があった。軍学校とはいえ授業内容は通常の中学校と大差なく、3年の課程を終えれば**「陸軍士官学校」**への入学が許された。

その後、予科で二年間学び、半年間の訓練期間を経て、いよいよ士官学校への入学となる。「陸士」の通称で知られる陸軍士官学校では、**指揮官に必要なあらゆる軍事学**を生徒は学ぶ。そして予科で決定した兵科に沿った実技訓練や演習を重ねるのである。教育期間は最大1年10カ月。卒業後は部隊でさらに3カ月の見習い期間を過ごし、正式な少尉となった。

そこから2年以上の隊務を経験すると、受験資格を得られるのが、陸軍エリートの登竜門**「陸軍大学校」**である。戦場でなにかあったときにどう対応すべきか。そうした事態に対応できる人材を育成

東京・市ヶ谷の陸軍士官学校。陸軍将官の教育を一手に担った。

するために1882年に設立された教育機関だ。卒業生たちは日清戦争や日露戦争で師団の参謀を務め、実戦的な戦術を考案して日本を勝利に導いた。

ちなみに、陸士も陸大も、戦場で臨機応変に対応できる人材育成を目的としていたため、その入学難度も非常に高く、**帝国大学よりも入るのが難しい**とさえいわれるほどだった。

これらの他にも、航空隊士官を目指す「航空士官学校」や、「千葉陸軍戦車学校」に代表される士官向けの専門学校が設置されていた。中でも特筆すべきが、スパイ養成で有名な**「陸軍中野学校」**だ。校内では全員背広姿で、天皇の神格化を禁ずるなどのユニークな方針が採られ、卒業生は世界中で一般人に混ざり、スパイ活動に従事したという。

◎日本海軍の人材教育

一方の海軍は、下士官向けの学校はなかった。水

整列する海兵たち。広島県呉市にある海軍兵学校を卒業すると尉官として部隊に配属される。

兵の教育は各鎮守府の「海兵団」が受け持ち、任用試験を突破すれば進級が認められた。

その代わり、砲術学校などの術科学校には兵のうちから入学が許され、専門技術を早い段階で学習できた。艦艇を操作する関係上、専門技術の重要性が陸軍より高いための措置だった。

そして海軍の士官教育といえば、広島県呉市の**江田島**が有名だ。現在、海上自衛隊の教育機関があるこの島には、戦前にも海軍の教育施設が置かれていた。動力機関の操作法を学ぶ海軍機関学校や、経理業務等を教える海軍経理学校があったが、中でも有名なのは海軍士官を育てる**「海軍兵学校」**だ。

入学資格は、中学校を卒業した16歳以上19歳未満の男子のみ。教育内容は、体を鍛える体育・武道と、精神教育、学術教育を主軸としていた。約4年をかけて士官候補生を育成し、卒業後の候補生は約1年半の遠洋航海を経て、正式に士官となった。

そして、10年以上の勤務経験と大尉・少佐の階級を得ると、晴れて**「海軍大学校」**の受験を許される。海軍大学校では、図上演習や高度な戦術研究で優秀な現場指揮官の育成を目指した。入学難度は陸士や陸大並に高かったが、卒業すればエリート将官の道を歩むことができた。

◎陸海軍教育の成果

これら陸海軍の教育機関の特徴は、**規律、猛訓練、戦術研究を重んじていた**点にある。もちろん、欠点もあった。時代が下ると鉄拳制裁に代表される精神偏重や、学校卒業時の成績順番を重視する姿勢が目立つようになり、日本軍上層部の思考硬直を招く一因となった。

しかし、勝てる見込みのないと言われた清やロシアに勝利できたのも、これら教育機関があったからこそだ。太平洋戦争時には山本五十六や栗林忠道など、多くの逸材を輩出したことからわかるように、その教育水準は高かった。近代的な教育制度が根づいていたからこそ、大日本帝国は高度な科学技術や規律のある軍隊を生み出すことができたのである。

解明！

国の発展を支える人材育成のために、理工系の高等教育機関と軍隊教育機関は必要不可欠だった

第三章

大日本帝国の意外な体制と国民生活

12 天皇制の謎

なぜ天皇は〝神〟だったのか？

◎なぜ天皇中心の国家に？

現在の日本と大日本帝国の最大の違いはなにかといえば、**天皇の立ち位置**に違いない。

現在の日本では、天皇は国の象徴で、国のあり方や方針を決めるのは国民となっている。だが、大日本帝国憲法が定める天皇の立ち位置は大きく違う。

第1条には「大日本帝国は、万世一系《ばんせいいっけい》の天皇がこれを統治する」とあり、さらに第4条には「天皇は国の元首にして、統治権を総攬《そうらん》する」と書かれている（共に原文から現代風に改変）。総攬とは「一手に掌握する」という意味だ。つまり、天皇は大日本帝国の主人であり、議会の開設や閉鎖・立法・国務大臣の任命や罷免《ひめん》・外交・軍事など、**国の全活動の最高決定権をもつ**と定められていたのである。

けれど、江戸時代の天皇は神道の元締めという宗教的な権威ではあったが、政治的な実権はもたない、どちらかというと地味な存在だった。

なぜ明治以降はこれほど大きな存在になったのかというと、武士たちが**明治維新の旗印として着目**

大日本帝国憲法の発布式を描いた絵画。玉座の前にいるのが明治天皇で、お辞儀をしているのは第２代総理大臣の黒田清隆。（衆議院憲政記念館所蔵「憲法発布の詔勅公布（伊藤芳峡画）」）

したためである。

そもそも、武士たちが倒そうとした江戸幕府は約270年も続いた超長期政権。幕府がなくなった世の中など、一般の人々には想像もできなかったはずで、倒幕に成功しても民衆が混乱し、国がばらばらになる恐れがあった。

そうした混乱を抑え、明治新政府の正当性を認めさせるためには、**江戸幕府に負けないだけの存在感をもった旗印が必要**だった。

万世一系の伝統をもつ天皇は、その旗印に相応しい存在だったのだ。

◎天皇が神だった時代

さて、大日本帝国という国を語る上で、避けて通れない問題がある。それは国家元首である**天皇が神とされていた**、ということだ。

太平洋戦争期に「天皇陛下万歳」と叫んで多くの

兵士が敵に特攻をしかけた歴史があるため、大日本帝国は天皇が絶対神のように君臨し、国民は天皇のためなら喜んで命を捧げる、異様な国家だったと思う人もいるかもしれない。

実はこれは最大の誤解の一つなのだ。確かに明治以降、天皇の権威を高めることは国をまとめることにつながるため、政府による天皇神格化の動きはあった。

けれど、明治・大正時代の人々の多くは、天皇に対する尊敬や親愛の気持ちがあったものの、**神として信仰した人はほとんどいなかった**。

天皇の神格化が急速に強まり、現人神《あらひとがみ》として扱われ始めたのは、日中戦争が始まる2年前の1935年。つまり、**天皇が神とされたのは大日本帝国最末期の10年間程度**だったのだ。さらに、憲法上は天皇が国の全活動の最高決定権を掌握することになっていたが、それはあくまで建前だった。

◎君臨したが統治はせず

実際には、法律をつくったり、戦争を始めたりといった国の活動は、議会の決議で決められ、天皇はその決定を後から承認するという形式。不満ならば承認を拒否できたが、慣習として**すべての決定は承認することになっていた**。

事実、昭和天皇が太平洋戦争に反対していたのは有名な話。昭和天皇が自分の意志で政策を決定させたことは1936年の二・二六事件の鎮圧と太平洋戦争の降伏のたった2回だけなのだ。

昭和天皇が権力をほとんど振るわなかった理由は、陸軍の組織・関東軍が起こした事件が発端とさ

上：御真影の一例。（画像引用元：『続・現代史資料8：教育―御真影と教育勅語Ⅰ』）

左：1931年、昭和天皇の御真影が全国の学校に下賜されたときの様子。中央の人物は御真影を渡された校長で、うやうやしく掲げ持っているのがわかる。（画像引用元：『朝日クロニクル週刊20世紀　1931-32』）

れる。

1928年、関東軍は満州の利権問題から、現地の有力者・張作霖《ちょうさくりん》を爆殺。この事件は国内でも問題になり、当時の首相・田中《たなか》義一《ぎいち》は犯人の処分を行なうことを天皇に上奏した。

しかし、結局田中は軍部の圧力に負け、処分をうやむやにしてしまう。この態度に天皇は怒り、厳しく叱責した。これがきっかけとなり、田中内閣は総辞職したのだが、天皇はこれを深く反省したという。結果的に政治に介入してしまったと考え、以後、政治的発言は避けるようになったのだ。

◎天皇の政治利用だった神格化

それにしても、なぜ1935（昭和10）年以降、天皇の神格化が強まったのだろう。

さきほど、天皇は議会の決定を承認する立場だったと述べたが、このような形式を「統治を実際に行

天皇機関説の代表的な論者で貴族院議員の美濃部達吉（左）。菊池武夫（右）などによって天皇機関説が非難されると、美濃部も釈明に追い込まれた。

なうのは国家と国民であり、天皇はいわば国家の頭脳にあたる最高機関なのだ」と捉える、**天皇機関説**という考え方があった。

この考え方は民主主義が活発化しようとしていた大正時代から、当時の国民の実感にぴったりと合致し、学者や政治家はもとより、一般の人々にも広く支持されるようになる。

ところが、１９３５年、元陸軍の政治家・菊《きく》池《ち》武《たけ》夫《お》がこんな演説をぶちあげた。

「絶対的な存在である天皇を機関として扱う天皇機関説は不敬である」と。

実はこの演説には、ある政治的意図があった。１９３１年の満州事変以降、軍部はより強大な権力を手中に収めることを目論んでいた。当時の議会は天皇機関説を支持する議員が多数派だったが、軍部や親軍的な立憲政友会は、彼らを不敬であると糾弾することで議会から追放し、政治の実権を握ろうとしたのである。

結局、この目論見は成功してしまう。天皇は絶対的な存在であることが政府の公式見解となり、軍部が主導権を握ったことで、大日本帝国は泥沼の戦争に転がりこんでいく。そして、極端に神格化された天皇の権威は、戦時下において**国民を統制するための道具**としても使われたのである。

たとえば、教育勅語には「親孝行しよう」「友達は大切に」といった言葉とともに、「国が大変なときは国に尽くそう」とあった。政府や軍部はこれを誇大解釈することで、**国民の自由を抹殺する言論統制や物資統制を正当化**させていったのだ。

こうした状況を、当の昭和天皇はどう感じていたのだろう。

天皇の発言を収録した「昭和天皇独白録」にはこんな言葉が記されている。

「本庄だったか、宇佐美だったか（本庄繁《ほんじょうしげる》と宇佐美《うさみ》興屋《おきいえ》。ともに陸軍軍人）、私を神だというから、私は普通の人間と人体の構造が同じだから神ではない。そういうことを言われては迷惑だと言ったことがある」

解明！

幕府に代わる権威として天皇は神とみなされたが、それは建前で、政治の実権はなかった

13 財閥の謎

日本の富の半分を牛耳った財閥とは？

◎トップの年収は500億円？

三菱や住友、三井、安田……。日頃、その商品やサービスのお世話になることも多いこれらの大企業は「旧財閥系」と呼ばれ、大日本帝国に存在した**「財閥《ざいばつ》」**がルーツになったものだ。

財閥とは、簡単にいうと一族経営の企業複合体。経営者一族の支配力が非常に強く、株式をほとんど公開していないのが特徴だった。

現在の旧財閥系のグループ企業には名だたる大企業が名を連ねているが、大日本帝国時代の財閥はそれとは比べ物にならない存在だ。当時、三菱・住友・三井・安田は4大財閥と呼ばれ、終戦時のこれらの払込資本金（資本金に資本準備金を加えたもの）は日本全体の企業のそれを合計した金額の約半分。つまり、**たった四つのグループが日本の富の半分を牛耳っていた**ことになる。

財閥トップの収入は想像を絶する。大卒の初任給が50円前後だった1927年、三菱財閥の総帥だった岩崎久弥《いわさきひさや》の年収はなんと431万円。個人が現在の感覚で500億円前後の年収を得ていたのである。

三菱財閥３代目総帥・岩崎久弥（左）と三井財閥のトップを務めた団琢磨（右）。団は採炭技術のプロフェッショナルとして才腕を発揮。三井財閥形成の原動力となった。

この年の長者番付の1位は岩崎久弥。そして8位まで**三菱・三井の関係者に独占**されていた。

当時の富豪のエピソードには枚挙《まいきょ》に暇《いとま》がないが、たとえば安倍《あべ》晋三《しんぞう》首相の母校である成蹊《せいけい》大学の約8万坪もの敷地は、三菱財閥の岩崎《いわさき》小弥太《こやた》個人が購入して寄付した、など極めてスケールが大きい。

◎国が育てた怪物たち

日本中の富が集中した財閥は、どのように誕生したのだろう。

財閥の誕生には、明治維新後に政府が行った〝テコ入れ〟が大きく関係している。開国によって国際市場に放り出された日本は、欧米の高い工業力に対抗するだけの産業をできる限り早く育てる必要があった。

けれど、国内企業の自由競争にまかせていては時間が足りない。うかうかしている間に国際市場からはじき出されるばかりか、国内の産業も欧米企業に乗っ取られる恐れがあったのだ。

そこで、明治政府は特定の商人や企業を**「政商」として優遇し、急速に成長させた**のである。

たとえば、三菱財閥（当初は三菱商会）も明治初期から活躍した政商の一つだった。創始者である岩崎《いわさき》弥《や》太郎《たろう》は土佐藩から下請けした船舶で海運業を営んでいた人物。当時の日本国内の海運は、欧米企業の独擅場だったが、明治政府は保有していた船舶を岩崎に与え、ビジネスを拡大させた。これによって三菱は欧米企業を駆逐し、巨万の富を築いたのである。

もう一つ、財閥の成長と切っても切り離せないものがある。それは**戦争**だ。戦争には膨大な物資が必要になるため、商人にとっては一大ビジネスチャンスだった。事実、大倉財閥を一代でつくりあげた大倉《おおくら》喜《き》八郎《はちろう》は、戊辰・日清・日露などの戦争で、政府に**大量の銃を販売することで財をなした**。

先述の三菱の岩崎弥太郎も、西南戦争の際、政府軍の輸送を一手に引き受けることでさらなる財産を築いたのである。一説に、西南戦争の費用は約４１５０万円といわれるが、そのうち約３分の１は三菱に支払われたものとされる。

こうした背景から、財閥は**「死の商人」**と批判されることもあった。けれど、その成長が留まることはなく、政府と癒着を続けながらいくつもの財閥が誕生していったのだ。

◎国民の怒りを買った財閥

政府と財閥の癒着は、海外との競争に勝利するためという大義名分があったものの、一言で言えば

裁判を受ける血盟団事件の犯人たち。指導者の井上日召を含む、3名が無期懲役の判決を受けた。

えこ贔屓《ひいき》だ。

さらに財閥のトップたちの**常軌を逸した資産家ぶり**への嫉妬もあり、民主主義が根付き始めた大正以降になると、国民の間に強烈な不満が芽生えるようになった。

そして発生したのが、財閥を狙ったテロだ。１９３２年、右翼団体「血盟団《けつめいだん》」が三井財閥理事長の団琢磨《だんたくま》を銃殺。同年に海軍青年将校が起こした五・一五事件や、１９３６年に陸軍の強硬派が起こした二・二六事件などのクーデターの動機の一つも、財閥の打倒だった。

どれも衝撃的な事件だが、五・一五事件においては将校たちの逮捕後、日本中から減刑を求める郵便や電報が約１００万通も寄せられた。それほど**国民の財閥への不満は大きかった**のだ。

なお、財閥は日本の敗戦とともに姿を消した。GHQが日本に大戦を戦うだけの国力があったのは財

米騒動による焼き討ちで全焼した鈴木商店。金子直吉がその知らせを聞いたのは、鉄の輸入再開の交渉に向かう道中だった。鈴木商店はやがて没落し、倒産した。

閥の戦争協力が一因だったと考え、**財閥を徹底的に解体**したのである。

◎三菱・三井を上回る財閥

こうして見てみると悪玉のように思える財閥だが、一概にそうとは言い切れない。

それを如実に示すのが明治時代後半から隆盛した新興の財閥・鈴木商店のエピソードである。

明治初期の鈴木商店は小規模な砂糖の貿易業者だったが、1886（明治19）年に金子《かねこ》直吉《なおきち》が丁稚《でっち》として雇われると状況が変わる。

金子は類《たぐい》まれなる商才を発揮し、やがて第一次世界大戦が始まると鉄などの買い付けに着手した。

戦争の影響で鉄の価格は瞬く間に暴騰し、絶頂期の鈴木商店は当時の**日本のGNPの1割**に相当する16億円もの売上を誇るようになる。これは三菱や三井を遥かに上回る金額だった。

ところが、第一次世界大戦末期の日本では、こうした戦争特需で財を成した資本家への反感や米価の高騰に対する不満が爆発し、商社や米商店への**焼き討ちが全国で多発**。これによって鈴木商店の本店も焼かれてしまう。

けれど、これは完全なとばっちりだった。米価の高騰の原因は、商社が米を過剰に輸出していたことだったが、金子は逆に海外産の米を輸入し、**米不足を解消しようとしていた**のだ。

また、第一次世界大戦末期は世界的に鉄が不足し、欧米が鉄の輸出をストップしたため、日本の重工業は壊滅の危機に直面していた。これを救うために奔走し、アメリカから鉄を輸入する契約を成立させたのも金子だったのである。

そんな金子の生活は極めて質素で、家は借家、居間には世界地図が一枚貼ってあるだけだったという。

金子のケースは一例だが、財閥の貢献は日本の発展や国民の豊かな生活になくてはならないものだった。戦前から世界を舞台に戦える財閥があったからこそ、戦後の日本経済は復活することができたのである。

解明！

政府の庇護下で急速に成長した財閥は、その経済力を駆使して戦前戦後の日本を支えた

14 庶民生活の謎

東京は戦前から流行の発信地だった?

◎おしゃれで華麗なモガとモボ

現在の東京のイメージを外国人に尋ねると、「都会的」「流行やサブカルの発信地」などの答えが返ってくるという。

では大日本帝国時代の東京のイメージは、となると日本人でも答えが分かれそうだ。日本男児や大和撫子《やまとなでしこ》が闊歩《かっぽ》し、古風で堅実な生活が送られていたのだろうか。

だが、意外とそんなことはない。大正時代の東京には大衆文化を象徴する存在として、モダンガールとモダンボーイ、通称**モガ・モボ**がいた。彼らはファッションリーダーのようなもので、その服装は今から見てもとても大胆だ。

モガは耳が隠れるくらいのショートカットが特徴で、真っ赤な口紅を塗り、当時としては極めて大胆な膝丈のスカートとハイヒールを着用。派手な花柄やチェックの衣服が好まれた。

モボはシャツとセーラーズボン(水兵が穿く裾が広いズボン)を着こなし、カンカン帽子をかぶり、

左：昭和初期のモダンガール。当時人気を集めたハリウッド女優、ポーラ・ネグリと似たスタイル。（画像引用元：『朝日日本の歴史』）右：大正中期〜後期に撮影されたモダンボーイ。（写真提供：ホームページ「昭和からの贈りもの」）

ステッキをもつのがトレードマーク。銀座や心斎橋などの盛り場には、こんな華やかな装いの人々がぞろ歩いていたのである。

モボはともかく、戦前は男尊女卑が根深かったので女性にとってモガ風のファッションは非常に勇気が必要だった。長い黒髪は古くから女性の象徴とされ、切らずに結い上げるのが伝統だったため、特に**ショートカットには風当たりが強かった**ようだ。

ショートカットの元祖は、読売新聞社の記者・望月《もちづき》百合子《ゆりこ》といわれるが、彼女が髪を切った際は、人々から「見世物小屋の猿を見るような」視線が寄せられたという。さらには**ショートにした生徒が退学**になった女学校もあった。

◎デパートが娯楽の殿堂？

ショッピングの様子はどうだったのだろう。

明治時代前半までの小売店は、江戸時代の流れを引き継ぎ、着物なら着物、履物なら履物と、一つのジャンルを専門に扱う店ばかりで、売り買いの様子も現在とは大きく違った。

まず、商品が陳列されていない。客は店員に欲しいものを伝え、店員が奥から商品をもってくるというシステムで、値札も存在せず、常連客か一見の客かで値段が変わることもあった。

この風潮を変えたのが、1890年代から次々と開店した**三越、松坂屋などのデパート**だ。バラエティ豊かな商品が陳列され、値札もしっかりつけられたデパートは、日常の買い物を娯楽に変えた。

当初は土足厳禁だったりと、現代との違いが目立ったが、1935年頃の三越を見てみると、エスカレーターやエレベーターがあり、レストランや劇場、屋上には庭園などの娯楽設備も用意されるなど、現在とほとんど変わらない。31年の時点で全国の10万人以上が暮らす30の都市のうち、24には大規模なデパートがあり、週末は家族連れでとても賑わったという。

現在は郊外のアウトレットモールなどの強力なライバルが登場しているものの、一昔前まで「週末に家族でデパート」は王道ともいえる娯楽だった。こうしたライフスタイルは、戦前にはすでに根付いていたのである。

◎当時から離婚大国だった日本

戦前の日本といえば恋愛に関してお固いというイメージがあるが、当時のマスコミが**男女交際を盛んに推奨していた**と聞いたら驚くだろうか。

1910（明治43）年に近代的なデパートとして開店した「いとう呉服店」。1925（大正14）年に「松坂屋」に改称した。

１８８７（明治20年）の女性誌「女学雑誌」は**「結婚前に恋愛をすべき」**という記事を掲載。同年の「時事新報」には**「接吻の習慣を起すべきである」**と、なんとキスを推奨しているのだ。

実は、明治時代の婚姻はほとんどがお見合い結婚で、農村などでは、親同士が勝手に結婚を決めるケースが多々あった。恋愛せずに結婚なんて、と思うかもしれないが、当時の結婚は「家に労働力を補充する」という側面が強かったのである。

そのような背景があったため、配偶者が気に入らなければすぐに追い出すということが多発し、**離婚の増加が深刻な問題**になった。また、結婚相手をよく知らないため、性格の不一致で離婚することも多かったという。１８８３年の人口１０００人あたりの離婚率は３・39。２０１２年は１・87だ。当時の離婚率は外国と比べても非常に高く、日本は世界有数の離婚大国だったのだ。

昭和初頭に撮影されたサラリーマンたち。ワイシャツにネクタイと、現代と変わらないスタイルだ。（写真提供：嵐よういち氏）

当時のマスコミが恋愛を推奨したのは、結婚前に相手と人間関係を築いたり、相性を確認したりして**離婚率を減らす狙いがあった**。

こうした状況が改善されたのは1898年。民法が施行され、25歳未満の者の離婚には、双方の親の承認が必要になり、離婚率は減少した。

けれど、その反動なのか、結婚相手の収入などを吟味するようになり、昭和になると**晩婚化が進行**した。戦前の結婚も意外な問題を抱えていたのである。

◎意外な戦前のエリート職業

さて、ファッションや娯楽、恋愛事情をみてきたが、職業にはどんな特徴があったのだろう。

最ももてはやされた職業は、意外なことに企業の増加とともに登場した**サラリーマン**だった。現在でこそ「夢はサラリーマン」と語る若者は少ないかもしれないが、当時のサラリーマンは事情が違った。

戦前は農業人口が非常に多く、1930年の国勢調査では、職業人口におけるサラリーマンの割合は約7％。大学や専門学校を卒業した者が就く、**一握りのエリート職**だったのだ。

そのため給料も非常によかった。1929年ごろの一世帯の平均年収は800円程度だったが、大企業の課長クラスの年収は約1万円。現在の感覚で年収5000万円くらいになる。だからこそ、サラリーマンはよくモテた。1927年の結婚紹介所の調査によると、女性が結婚したい職業は、現在も人気の医師が3位、公務員が2位ときて、**サラリーマン・銀行員が1位**だったのである。

ちなみに月給生活をしていた点では軍人も同様だったが、高級士官を除けば彼らは非常に貧乏だった。「貧乏少尉、やり繰り中尉、やっとこ大尉」という言葉があり、大尉になってようやく人並みの生活ができるという有り様。大尉といえば軍の中堅ポジション。それでも裏長屋に暮らしていたり、ツケの催促を居留守で誤魔化したりする家庭もあったという。戦前は軍人が我が物顔で練り歩いていたイメージがあるが、実は苦労人だったようだ。

固いイメージが伴いがちな戦前の生活だが、現代に通じる都市文化がすでに定着していたのである。

解明！

大正時代の東京では大衆文化が花開き、現在にも通じる都市型のライフスタイルが定着していた

15 戦争に対する世論の謎

国民も軍部の行動を支持していた？

◎軍部に期待した国民

日本が太平洋戦争開戦に踏み切った大きな原因の一つとして、軍部の独走が挙げられる。だが、どんなに屈強な軍隊であっても、国民の支持を得られなければ自由に行動することはできない。逆に言えば、**国民から期待されていたからこそ、軍部は自由に行動できるようになった**のである。

軍部台頭のきっかけは、国民の政治不信にあった。昭和初期の日本経済は恐慌続きで壊滅状態に陥っていたが、政治家たちは政争に明け暮れ、有効な経済対策を講じることができなかったのである。すると国民は**軍部に期待を寄せるようになる**。日本軍といえば、かつては清やロシアを破るなど、設立時から戦争にめっぽう強く、国難の際には頼れる存在だった。加えて、軍には農村出身者が多かったため、自分たち民衆の気持ちを理解してくれる組織だと信じられていた。つまり多くの国民にとって、関東軍をはじめとする当時の日本軍の独走は、警戒されるどころか、**頼もしくて喜ばしいもの**だったのだ。

演習を終えた兵たちが国民から飲み物を振る舞われている（画像引用元：「朝日歴史写真ライブラリー 戦争と庶民 1940 ～ 49 ①大政翼賛から日米開戦」）

◎軍部に擦り寄る新聞社

国内に軍部を好意的に見る雰囲気が漂い出したのは、1931年9月に起こった満州事変前後のこと。領土拡大に成功した関東軍を国民は支持し、逆に日本の満州支配を非難した西洋諸国に対しては「アジアを侵略し続け、植民地化してきた欧米諸国に、満州の支配をとやかくいわれる筋合いはない」と反発した。

一方、新聞社にとっても、**関東軍の快進撃や満州国樹立という出来事を華々しく報道することは、部数を伸ばす格好のチャンス**だった。実際、恐慌で部数を減らしていた朝日、読売、毎日の3紙の発行部数は、これを機に飛躍的に増大したのだ。

各新聞社は軍部に擦り寄るようになり、記事には日本軍の勇ましさを伝える記事が連日のように掲載された。そして、それを読んだ国民たちは、ますます軍国主義的な考えに染まっていくという循環ができたのである。満州事変の勃発直後、**満州に駐留する兵士に対し、7000を超える慰問袋（従軍兵士のために娯楽物や日用品が入れられたもの）が届いた**ことからも、その熱狂ぶりがうかがえる。

◎「肉弾三勇士」の記事

この当時の新聞記事の傾向を顕著に表している例として、**「肉弾三勇士」の記事**が挙げられる。

1932年の上海事変で、陸軍の一等兵3名が自らの意思で破壊筒を抱え、敵陣へ強行突入して自爆した。すると新聞各社は3人の行動を大いに賛美。彼らを「肉弾三勇士」「爆弾三勇士」と称し、軍神として世間へ広めた。

しかし実際は、彼らは**上官の命令でやむを得ず突撃**し、導火線を短く切ったせいで逃げる間もなく爆死しただけで、その上、同じ任務で彼らの他にも4人の兵が命を落としていた。

それでも、新聞は「作られた美談」を書き綴った。すると国民に軍国熱がさらに広まり、**彼らを題材にした映画や歌が作られ**、多額の慰問金が集まって銅像まで建てられることになったのだ。

その後、太平洋戦争が始まってからもこうした新聞の報道姿勢は変わらず、日本が劣勢に陥り、国民が空襲から逃げ惑うような状況下でも、軍部を肯定するような記事を掲載し続けたのである。

◎知識人やマスコミも軍部を肯定

新聞だけでなく、知識人や文化人の中にも、日中戦争や日米開戦に対して肯定的な論調を張る者が

「大阪朝日新聞」に掲載された、「肉弾三勇士」の写真。朝日のみならず、他の新聞社も、この３人の武勇についての記事をこぞって掲載した。

現れ、大いに国民を煽った。

その代表ともいえる人物が、**徳富蘇峰**《とくとみそほう》である。徳富は明治から昭和を代表するオピニオンリーダーであり、若い頃は自由主義や平和主義に関する意見を多く発表していた。

しかし、日清戦争後の列強の姿勢が蘇峰の考え方を変えた。日本がロシア、フランス、ドイツの圧力によって清から得た遼東半島を手放すことになると、徳富は国家膨張主義を唱える国家主義者へと変貌。満州事変以降は**軍部と結託**するようになり、白人に対峙する国民的自覚を高揚させるために「白閥打破」「挙国一致」を喧伝した。さらに、１９４２年5月には、国策の周知徹底や宣伝普及を目的とした文学団体「日本文学報国会」を設立し、会長に就任した。この年の12月には国の指導で設立された「大日本言論報国会」の会長に選ばれている。

このように、徳富は率先して軍部に協力し、国民

菊池寛（左）と徳富蘇峰（右）。両名共、日本の軍国主義化に肯定的で、戦後、徳富はＡ級戦犯容疑をかけられ、菊池は公職追放されている。

の世論形成に影響を与えた。その影響力の大きさから、戦後はGHQによって**A級戦犯容疑をかけられた**（不起訴処分）ほどであった。

また、出版社「文藝春秋」の創設者である作家・**菊池《きくち》寛《かん》**も戦争に賛同していた。当時、全体主義化を進めるために「翼賛運動」が政府によって展開され、一国一党という新体制のもと、全政党が一つにまとまった「大政翼賛会」が誕生していた。

菊池は、この**翼賛運動を文学者の立場で行う「文芸銃後運動」を発案したのである**。こうした国家への献身を問われ、戦後は公職追放されている。

さらに、日露戦争のときは厭戦的な歌を綴った与《よ》謝《さ》野《の》晶子《あきこ》も、太平洋戦争で四男が出征することになった際には、**「水軍の 大尉となりて わが四郎 み軍にゆく たけく戦へ」**という好戦的な歌を詠んでいる。戦時色が濃くなるにつれ、与謝野の考えも戦争肯定へと変わっていったのかもしれない。

◎わずかながらいた反戦派

ただし、すべての作家が戦争に賛成だったわけではない。宮本百合子《みやもとゆりこ》や西沢隆二《にしざわたかじ》といったプロレタリア系の作家は、投獄されても反戦の意志を曲げなかった。僧侶の植木徹誠《うえきてつじょう》（コメディアン植木等《ひとし》の父）は、出征兵士の前で**「卑怯といわれても生きて帰ってきなさい」「敵に当たらないように鉄砲を撃ちなさい」**と説いて投獄されたが、出獄するとまた同じように振る舞ったという。

また、積極的には反戦活動を行わなかったが、戦争反対の意志を持っていた人もいた。例えば、「風立ちぬ」で有名な作家・堀辰雄《ほりたつお》は、当局に求められても戦争に協力するような作品は決して書かなかった。

とはいえ、戦争反対を訴えた人々はやはりほんの一握りで、軍国主義に染まった国民の多くも、反戦派の主張に耳を貸さなかった。

日本が満州事変に始まる長い戦争へ向かっていった背景には、それを後押しする世論が少なからず存在していたのである。

解明！

有効な景気回復策を打てない政府に国民は失望し、強硬論を唱える軍部を支持するようになった

16 戦時下の国民生活の謎

本当に勝つまでほしがらなかったのか？

◎壊された豊かな日本

貧しい生活が営まれていた軍事国家というイメージが強い戦前の日本。だが、昭和初期まではモボ・モガたちが闊歩《かっぽ》し、さまざまな飲食店が軒を連ね、デパートには多彩な日用品が並んでいた。

こうした豊かな社会に陰りが見え始めたのは、1930年代以降のこと。37年の盧溝橋事件《ろこうきょうじけん》によって勃発した日中戦争が長期化の兆しをみせると、38年に**「国家総動員法」**が制定された。

その謳い文句は「戦争目的達成のため、国力を動員する」というもの。聞こえはいいが、実態は国民の私有財産を国が勝手放題するための法律で、これにより食料や生活必需品の売り買いが制限されるようになり、鉄や革、布などの物資が接収され、国民は戦場や工場に駆り出されるようになった。

この法律こそ、日本を**〝貧しい生活が営まれた軍事国家〟**に追いやった元凶だった。

1938年、日本橋三越で開催された代用品の展覧会。サメの皮をつかった日用品などが並んだ。（画像引用元：『講談社日録20世紀1938』）

◎ぞくぞくと登場する代用品

戦時下の生活は戦争が長引くにつれて徐々に凄惨《せいさん》なものになっていった。

まず、38年の初夏に物資統制が始まるとさまざまな日用品が姿を消していく。

だが、物が無ければ生活はできない。そこで登場したのが、**世にも珍妙な代用品の数々**だ。

カエルや鮭、ウツボの皮でつくられた靴、サメ皮製の野球グローブ、紙やセロハンなどを材料にしたハンドバッグ……。

これは日本橋三越で開かれた「必需物資代用品展覧会」に出品された代用品の一例。とても使い心地がよさそうには思えないが、展覧会は大盛況を博したという。

繊維製品の代用品は、さらに驚きだ。なんと**岩でつくった服**が存在した。金属分を取り除き、1300度に熱して溶かした岩を、高圧空気で吹き飛ばすことで糸にして、編んでつくるという。海藻でつくった着物も登場している。

金属製品の代用品も実に顔ぶれ豊かだ。バケツや洗面器などが木製に置き換わるのは想像できる。が、セメント製の郵便ポスト、陶器の包丁、同じく陶器のアイロンなどの珍品が登場。

ちなみに陶器アイロンは内部が空洞になっており、熱湯を入れて使用する仕組み。鉄のアイロンとは比較にならないほど熱が弱く、使い物にならなかった。

こうした代用品は、戦時という非常事態をなんとか乗り切ろうという創意工夫の産物だった。けれど、戦争の長期化とともに物資不足はさらに深刻になり、やがて**食料すら事欠く**ようになっていく。

◎少しでも人間らしい食事を

こうした状況で始まったのが**「配給制度」**である。

これは生活必需品の自由販売を禁止し、配布された切符と交換で売り買いを行うというもので、米ならば1日大人一人あたり2～3合までと、購入できる量が限定されていた。

しかし実態は米が不足し、さつま芋やじゃが芋、大豆などが食料の配給の70％以上を占めた。その上、遅配や欠配は日を追うごとに常態化していったのである。

食料不足が深刻化すると、代用品の出現にやや遅れて**〝代用食〟**が姿を現した。

41年6月7日の朝日新聞には、食べられる動植物の一覧と調理法が掲載されている。

食用にできるとされた植物は1000種類、動物は100種類に及んだが、なかには驚くようなも

上：もみ殻やかぼちゃのつる、イモのつるなどを食料用の粉にしている様子。（画像引用元：『講談社日録 20 世紀 1943』）

左：戦争中は食用や毛皮のために、「軍用兎」の飼育も推奨された。（画像引用元：『週刊日録 20 世紀 1940』）

のもあった。

トカゲは頭をとって焼いて食べる。ゲンゴロウの幼虫はハネをムシって焼き、成虫の場合は天ぷらに。まむしは皮と内臓をとり、照り焼きか塩焼きにすると精がつくとされた。

こうした献立が一般的だったかは定かではないが、代用食はお世辞にも美味しいといえるものではなかった。

代表的なものに「すいとん」がある。現在でも郷土料理として親しまれているが、当時のすいとんは似て非なるもの。

水でゆるく溶いた小麦粉を、汁が煮えた鍋に直接流し入れて火を通した料理で、具材は**鶏のエサに交ぜていた雑草なども使われ、味付けは塩だけ**というケースも多かった。味気がなく、歯ごたえもない小麦粉の塊は、**耐え難いほどまずかった**という。

しかし、最もまずい代用食として語り継がれてい

疎開する子どもたち。疎開先でも食料は少なく、お手玉の中身の小豆を食べたという話もある。
（画像引用元：『週刊日録 20 世紀 1944』）

るものは他にある。その名は「楠公飯《なんこうめし》」。調理法は単純で、強火で炙《あぶ》った玄米に水を加えて1夜寝かせ、更に水を加えて炊くだけ。

味が悪いことから人気が低かった玄米を、徹底的に水でふやかした楠公飯の味は筆舌に尽くし難く、ただ腹を膨らませるためのものだった。

◎〝欲しがらなかった〟末の悲劇

庶民の食卓からは食べ物が次々と消えていったが、どんな時代にも抜け道はあった。

人気喜劇役者、古川緑波《ふるかわろっぱ》は、阪急電鉄創始者の小《こ》林《ばやし》一三《いちぞう》に振舞われた献立を日記に記している。

その内容たるや、現在から見ても豪華で、鯛の蒸し焼き、コンソメ、牛肉のガランディン（フランス料理の一種）など、8種類のコース料理。つい1週間前の日記で「昼には食ひものがない」と記していた古川は、驚愕したに違いない。

こうした食料は**闇市**から入手したと思われる。闇市といえば終戦後のものが有名だが、戦時中にも存在した。当時は価格等統制令という法律によって物価が固定されたため、割高な闇価格を設けて、政府の目を逃れながら物資の売り買いが続けられていたのである。

「欲しがりません、勝つまでは」という有名な戦時中のスローガンに逆行する行為だが、ある意味で、政府の配給だけでは生活が不可能だったことの証明といえる。

45年10月にドイツ文学者の亀尾英四郎《かめおえいしろう》という人物が亡くなっているが、その死に様はそれを如実に表している。亀尾は、「闇（市で買い物）をするものは国賊だ」という政府の呼びかけを頑なに守り、**配給だけで6人の子どもを養いながら生活**していた。

しかし戦争末期になると配給はほとんど行われなくなり、一家が3日間で食べる野菜はネギ3本という状況になる。そして亀尾は**栄養失調で死んでしまった**のだ。

亀尾のエピソードは、本来国民を導くべき国家が国民を無視するということが、いかに残酷なことであるかを物語るものだ。国民は、敵国だけでなく政府の無茶な政策にも苦しめられたのである。

解明！

戦争遂行のために、国は物価統制や配給制を導入して国民の生活を極端に制限した

17 戦時の政治体制の謎
戦争に向けた政治体制がつくられた？

◎新体制運動の開始

1930年ごろ、日本は不況にあえいでいた。1929年の世界恐慌の影響で金融市場は混乱し、農村では娘の身売りが相次いだ。同じように、欧州の多くの国々は大不況から脱却できず、失業者が街にあふれていた。

しかしそんな中、ドイツ、イタリアといったファシズム国家や、ソ連のような共産主義独裁国家はいち早く立ち直り、経済的に復興しつつあった。

こうした世界情勢に、世界の知識人や政治家は敏感に反応した。ファシズムや共産主義こそが経済不況脱却の鍵だ。今では考えられないが、当時はそう考えたインテリが少なくなかったのである。

その代表が、当時の日本の首相、**近衛文麿**だ。不況から脱出したナチスドイツに刺激を受けた近衛は、ファシズムこそが世界の主流だと信じ、国内政治に導入しようと試みたのである。

日米関係が悪化していたこの当時、国民からは、アメリカを倒して国を守ることのできる強い政治

「大政翼賛会」の幹部たち

体制を求める声が上がっていた。

そこに目をつけた近衛は「バスに乗り遅れるな」（「時流に取り残されるな」という意）をスローガンに人々を煽動し、有力な政治家たちを取り込んだ。

こうして、後に**「大政翼賛運動」**と呼ばれる新体制運動が始まり、**「大政翼賛会」**が産声を上げた。これにより、国民の生活は大きく変貌を遂げることとなるのである。

◎議会を掌握した大政翼賛会

１９４０年10月、近衛を総裁として大政翼賛会が結成された。

すると、政党は次々と自発的に解散し、結社を禁じられていた共産党を除き、すべての政党が大政翼賛会の中に組み込まれていった。

さらに１９４２年になると、労働組合も解体され、「産業報国会」に再編させられた後に大政翼賛会の一部となった。

大政翼賛運動の目的はナチスのような一国一党体制の設立だったが、それと同時に、**国内の政治力を一同に集め、発言力を強める軍部に対抗できる勢力を作る**ことも目論んでいた。

ところが、軍部までもが大政翼賛運動に関与したことで、**大政翼賛会は陸軍に乗っ取られてしまった**。そして、すべての国民や物的資源を政府が統制運用できる国家総動員法の実践組織と化してしまった。

そして、町内会でさえも**隣組**という末端組織によって相互監視させるなどし、全国民が大政翼賛会の監視下に置かれることになったのである。

このように、大政翼賛会は一般人も利用して国民の動きを掌握することに成功した。しかし、政党ではなかったために政治活動はできず、選挙の結果次第では逆転される可能性も大いにあった。

そこで大政翼賛会は翼賛政治体制協議会を結成し、1942年の総選挙に参加する。勝利を確実なものとするために、組織に忠実な議員に援助をする傍らで、実践部隊を使って無所属の議員への激しい選挙妨害も実行した。

その甲斐あって、大政翼賛会は全議席の約8割におよぶ、381人もの議員を当選させたのである。

この大勝利の後、翼賛会派の議員は翼賛政治会を結成した。こうして議会は完全に大政翼賛会の手に落ち、これ以降は**軍部の方針を忠実になぞるだけの政治体制**、いわゆる**「翼賛体制」**が国家運営の中心となっていったのである。

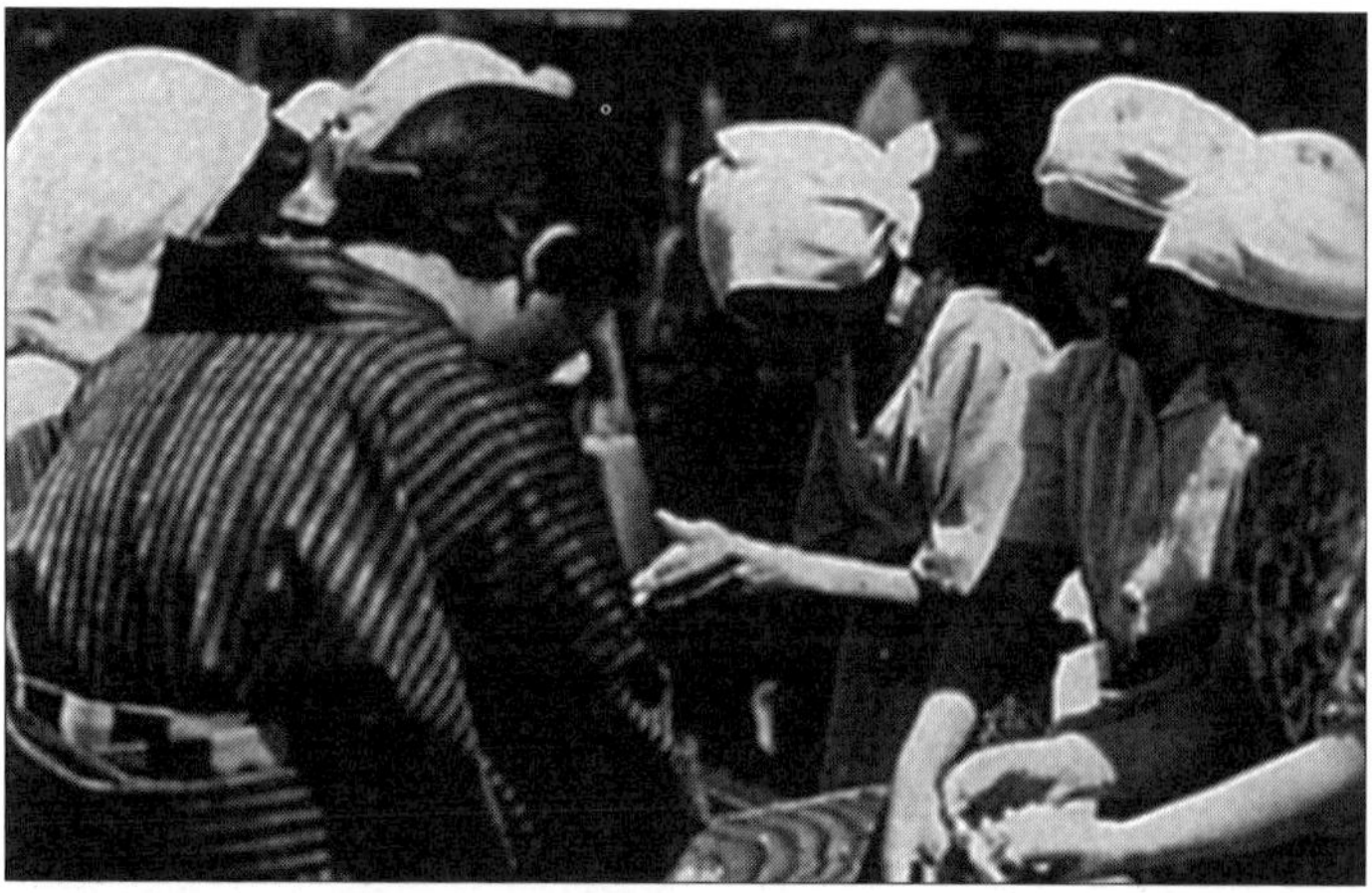

「隣組」による炊き出しの様子。隣組は数軒の一般家庭を一組とする組織であり、国民の相互監視や思想統制を図る大政翼賛会の意向によって制度化された。

◎規制と弾圧の嵐

国民の監視体制を完成させた大政翼賛会は、さらなる規制の嵐を巻き起こした。

石油や電気、ガスの供給が制限され、綿や絹製品も貴重品として全面規制された。

また、武器を造るために必要だということで、鉄製品が回収された。家庭用品への使用はもちろん、美容院でのハサミやカミソリの使用までもが規制されるという有様だった。

さらには、靴以外のありとあらゆる革製品も規制の網にかかった。食べ物も肉類は規制品となり、動物園ではライオンに日の丸弁当を食べさせるという光景が見られた。

規制の目は、物資だけでなく思想にも向かった。自由主義や共産主義などは、全体主義的な政府に不都合な思想であるため、問答無用で弾圧されるようになった。そして、報道にも軍の検閲が入り、日本

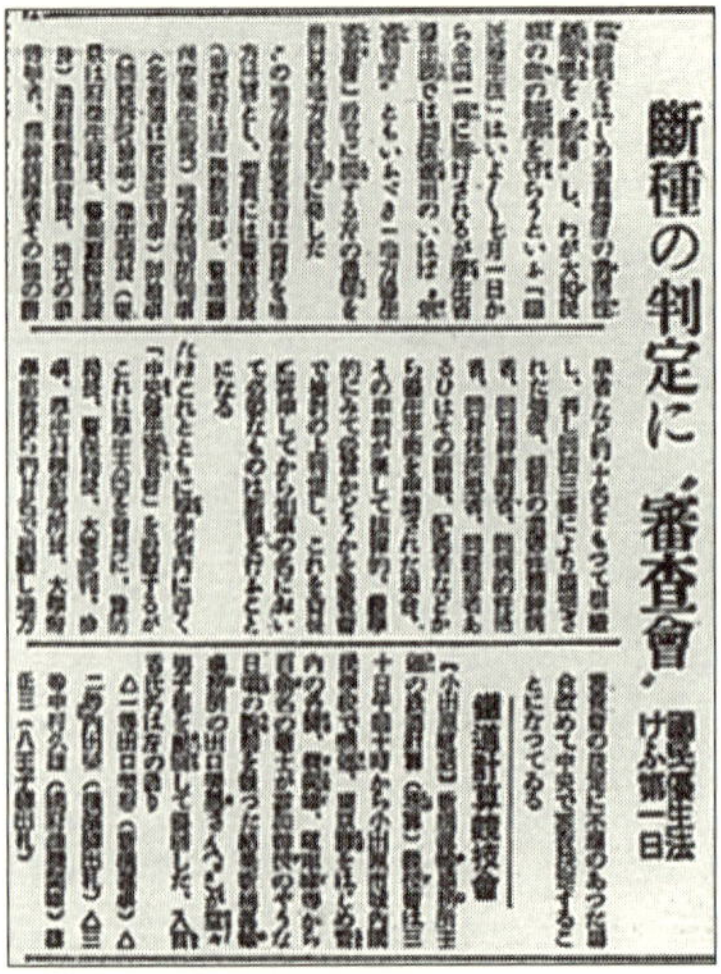

1941年7月、「国民優生法」が施行され、先天的な病気をもつ幼児や精神障害者を断種することが定められた。画像は、断種の判定に審査会が設けられたことを報じる新聞記事。（朝日新聞 1941/7/1）

のジャーナリズムは衰退を余儀なくされた。

だが、これらの規制以上にひどいといわれる法律が1941年7月に施行された。それが「国民優生法」である。

これは、先天的に病気をもつ幼児や精神障害者を審査し、男女問わずに断種するという法律だった。

親族や審査会委員長の申請がなければ実行できないことにはなっていたが、実質的に、政府は国民の生殺与奪の権すら握っていたことになる。

◎組織内の対立で分裂

そんな大政翼賛会も、決して一枚岩ではなかった。大政翼賛会は左翼も右翼も、さらには社会主義勢力までをも取り込んだ巨大組織だったため、**組織内の対立が恒常的に起きていた**のである。

戦況が良かったころはかろうじて運営できていたものの、戦局が悪化すると無所属議員が反旗を翻し、大政翼賛会に真っ向から反発するようになる。

そして1944年、対立が表立って現れた。この年に小磯國昭《こいそくにあき》が総理に就任すると、小磯は組織の意向を半ば無視するかたちで、大きくなりすぎた大政翼賛会と関連組織の統廃合を進めようとしたのである。

当然、小磯の方針に主要幹部と元翼賛壮年団の議員は猛反発。結果として組織は大混乱に陥り、幹部や壮年団議員が次々と離脱していった。

その後、壮年団議員らは1945年3月10日に「翼壮議員同志会」を結成し、旧翼賛会幹部はこの翌日に「護国同志会」を結成。推移を見守っていた他の議員たちも大政翼賛会を見限ったことで、事態の収拾はほぼ不可能になった。

こうして、大政翼賛会は分裂し、日本の政治は混乱状態のまま終戦まで突き進むこととなる。

すべての政党を統合し、国民を監視下に置いた全体主義組織は、その巨大さゆえに対立を抱えた。自滅という形で幕を閉じたのは当然だったのかもしれない。

解明！

強い政治体制実現のために大政翼賛会は結成されたが、軍部に掌握されて国民監視機関になった

第四章

大日本帝国はどのように太平洋戦争に向かっていったのか？

18 満州国建国の謎

満州国は経済立て直しの切り札だった？

◎暗躍する関東軍

1931年、満州の都市、奉天《ほうてん》の柳条湖《りゅうじょうこ》に衝撃が走った。日本が運営していた南満州鉄道の線路を何者かが爆破。現地に駐留していた関東軍（日本陸軍の一組織）は、満州に拠点を置く中国の軍閥《ぐんばつ》・東北軍の犯行と断定し、即座に反撃を開始。そして、翌日には奉天を占領してしまう。満州事変の発端となる、柳条湖事件である。

このあまりにも手際の良い軍事行動には裏があった。実は、線路を爆破したのは関東軍自身。つまり、**自作自演**だったのだ。

日露戦争の勝利以降、日本は遼東半島、朝鮮、台湾などを次々と手中に収め、次なる植民地を求めていた。その白羽の矢がたったのが満州であり、**関東軍は満州制圧の実行部隊**だった。

関東軍の侵攻は迅速を極め、柳条湖事件から5カ月で、満州はその支配下となった。そして、清朝最後の皇帝・溥儀《ふぎ》をトップに据え、翌年3月1日、新国家**「満州国」**が誕生したのである。

満州事変の発端となった柳条湖事件の現場。右下には関東軍によって射殺された中国軍兵士の遺体が写っている。

◎国際的な孤立を深めた日本

満州国は独立国家という体裁をとっていても、実質的には日本の植民地だった。政策決定、軍事、交通などの国の運営は日本人が掌握し、初代総理大臣の鄭孝胥《ていこうしょ》は、在任期間中、**閣議で一回も発言しなかった**という。

かくして、新たな植民地獲得という野望を果たした日本だったが、事態は思いもよらぬ方向へ転んでいく。満州地域を奪われた中華民国の訴えを受け、国際連盟からリットン調査団が派遣されたのだ。

調査団は、関東軍の行動は侵略であり、建国は非合法だと結論付けた。日本は正当性を訴えたが、国際連盟の決議は賛成42票、反対1票（日本）という大差で、**満州国は世界から否定された**のである。

この決定には満州地域における日本の利権を保証する妥協案も含まれていたのだが、決議に参加していた全権大使・松岡洋右《まつおかようすけ》は納得せず、その場で国連脱退を表明してしまう。

満州国の支配は死守したものの、これによって日本の国際的な孤立は決定的になり、**太平洋戦争への道を歩み始める**ことになる。満州事変が戦前日本の最大の転換点といわれているのはこうした背景があるためなのだ。

◎なぜ満州国に固執したのか

たった一つの植民地のために、世界を敵に回すなど本末転倒なようにも思える。なぜ日本はこれほど満州国に固執したのだろう。

南満州鉄道の利権や、ロシアが侵略してきた際の〝防波堤〟としての役割など、満州は日本にとって重要な意味をもっていたが、もう一つ無視できないのが当時の日本の国内事情だ。

明治以降、日本の人口は急増し、昭和初期の段階で6000万人以上。今の約半分だが、当時の社会基盤では養いきれないほどの数だった。

そこへ追い打ちをかけたのが1929年の世界恐慌である。農村などでは一家心中が多発する、深刻な不況が蔓延した。

その解決策こそが満州国への移民だった。日本の3～4倍の面積をほこるその国土には、農作物の栽培に適した肥沃な土地が広がり、労働力はいくらあっても足りなかった。

そして満州国建国から終戦までに、農家の次男などの食い扶持《ぶち》のない若者を中心にして、約27万人

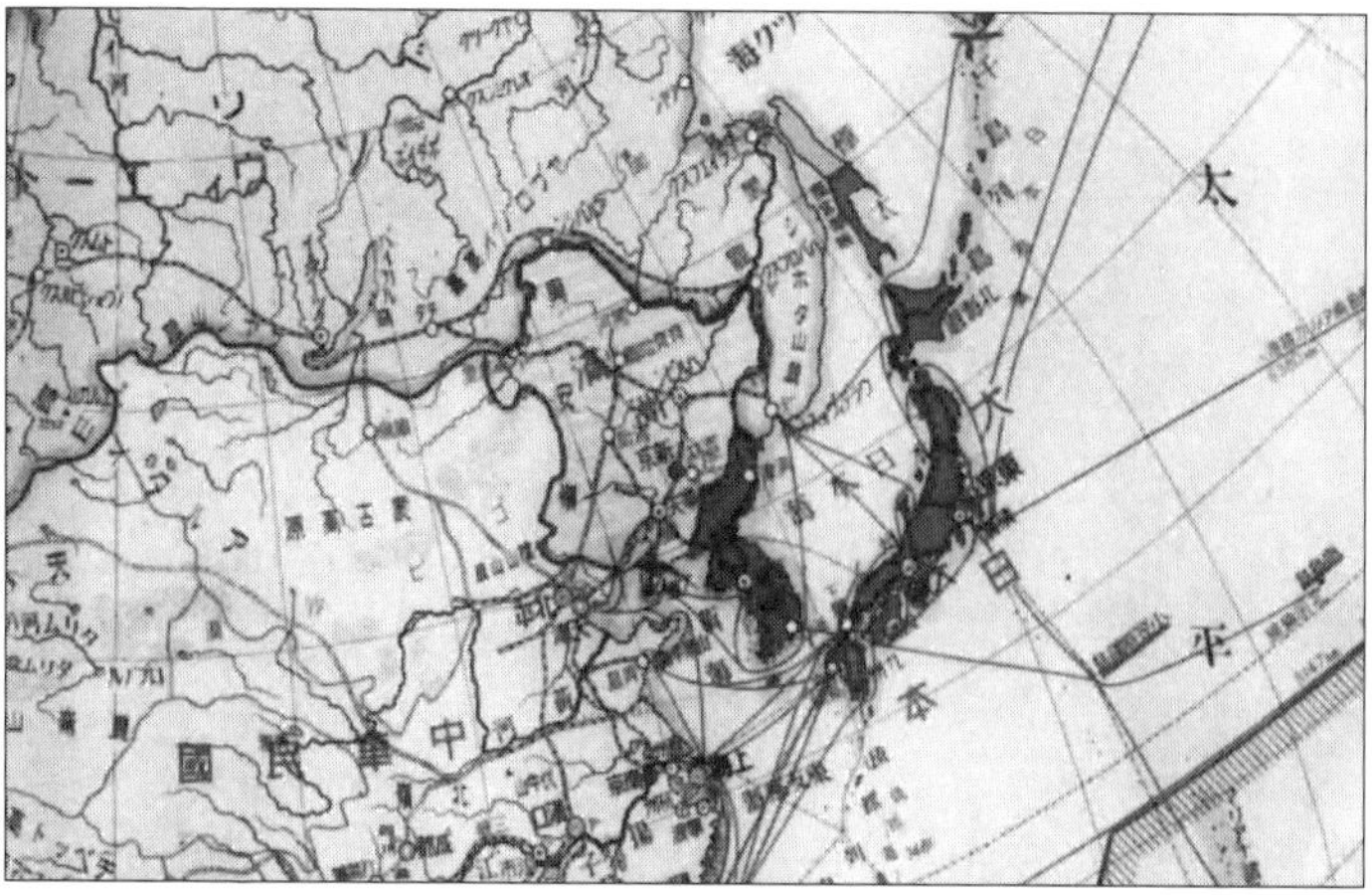

1933年に刊行された満州の地図（画像提供：国立国会図書館『最新世界現勢地図帖』）

が大陸へ渡ることになる。**人口問題と不況の打開策として、満州国は手放せない切り札**だったのである。

◎満州国の実態とは？

満州国は最盛期には約４４００万人もの人口をほこり、大部分は漢族、さらに満州族、朝鮮人、日本人などからなる多民族国家だった。全体的に開発が遅れていたアジアにあって、その都市部は実に先進的。道路は舗装され、それに面して高層建築のホテルやデパートが軒を連ね、満州最大の歓楽街だったハルビンは、**「東方のモスクワ」**と呼ばれたという。

けれど、そうした光景はあくまで一部のこと。日本人移民も含む開拓民や農民の生活の中心になったのは、冬にはマイナス30度にもなる原野だった。インフラが未整備で、飲料水の確保も難しく、伝染病や栄養失調が問題になっていたこともあり、**満州での乳児死亡率は日本の約2倍**にものぼった。

満州国内のケシ畑。ケシは花が散ると茎の先端にニワトリの卵ほどの大きさの果実をつける。これに傷をつけて乳白色の樹脂を採取し、乾燥させるなどの処理を施すと阿片になる。

さらなる脅威は匪賊《ひぞく》の存在である。

彼らは銃器や青竜刀で武装した、いわば山賊集団で、強盗や誘拐、抗日目的のテロ活動などに手を染めた。建国当初の開拓民は**平均で年4回**も襲撃にあっており、死活問題になっていたのである。

満州国は日本の生命線に違いなかったが、現地の多くの人々には過酷な土地だったのだ。

◎満州経済を潤した阿片

やがて日本が敗戦すると、満州国も同時に廃止された。たった13年で地上から消滅したこの国家の歴史を振り返るうえで、避けて通れない問題がある。それは麻薬の**阿片《あへん》との関わり**である。

満州国周辺は、阿片の原材料であるケシの世界的な産地であり、満州国の行政・経済を支配していた関東軍は、**阿片ビジネスによって、自軍の軍資金や国家の資金を荒稼ぎしていた**のだ。

販売ルートはいくつかあるが、代表的なものは、満洲国政府専売局が現地のケシ栽培組織から原材料を入手し、阿片に加工したのち、満州国内で法外な値段で販売するというもの。さらに、上海や香港を経由して中国内陸部で販売するルートもあったという。

阿片の利益は膨大で、ある資料によると建国8年目の利益はその年の**満州の国家予算の約6分の1**に相当する、1億2000万円（現在の約2000億円）にもなったとされる。

もちろん阿片の取引は国際条約違反だが、満州国では現地人に阿片中毒者が多かったことを理由に、漸禁主義がとられた。急に阿片を禁止すると中毒者たちが苦しむため、阿片売買は国が管理し、徐々に禁止していくという方針だ。聞こえはいいが、国が阿片ビジネスを独占する体のいい方便だった。

まさに国家ぐるみの犯罪が行われていたわけだが、終戦後の東京裁判において**阿片関係で起訴された者はひとりもいなかった**。連合国だったイギリスも、中国に阿片をばらまいて莫大な利益を上げていた過去があったため、裁判の場で阿片の問題に注目が集まることを避けるためだったとの説がある。

こうして、さまざまな利権や思惑が渦巻いて建国された満州国は、国際社会から姿を消したのである。

解明！

不況脱却のために日本は資源豊かな満州を支配したが、そのために国際社会から孤立してしまった

19 軍のクーデターの謎

クーデターが軍の立場を強くした？

◎高まるクーデターの気運

1929年、世界恐慌の影響で日本経済はどん底に突き落とされ、長く苦しい昭和恐慌の時代を迎えた。当時の首相濱口雄幸《おさち》は充分な経済対策を講じられず国民の不安は拡大。軍事費を縮小しようと、日本は1930年4月にロンドン海軍軍縮条約に調印するが、海軍はこの条約を不服とし、政府を徹底的に非難した。

こうした出来事により、国民と軍は政府へ対する反発を強めていく。そして同年11月、東京駅構内で事件は起きた。**濱口首相が右翼青年に銃撃された**のである。首相は一命を取り留めたが、病状悪化に伴い翌年8月に他界した。

この事件後、力で国家を改造しようという風潮が陸海軍内で活発化。1931年の3月と10月には、一部の陸軍将校たちが**軍部独裁政権樹立のためのクーデター**を画策した。これらのクーデターは未遂に終わったものの、首謀者は大した処罰を受けなかったし、若い軍人たちの不満もくすぶったま

東京朝日新聞
號外
昭和七年五月十五日

首相官邸、警視廳、内府邸等を
壯漢隊伍を組み襲撃
ピストル手りう彈を以て
陸海軍制服の軍人等

十五日午後五時半頃麹町區山下町政友會本部に數名の壯漢現はれ手りう彈を投じ轟然として爆發したが、右の時刻と相前後して首相官邸、警視廳、牧野内府邸、日本銀行三菱銀行等にも自動車に乗つてそれ〲數名の壯漢押しかけ、何れも同様ピストル、手りう彈を使用して襲撃行爲に出たが、首相官邸にては、首相の居間までちん入して、遂に首相に對し重傷に陥る重傷を負はするに至つた右壯漢等の中には陸海軍將校の制服を着てゐるものが多くあつた

犬養首相狙撃され
頭部に命中し重態

十五日午後五時半頃首相官邸の日本間に犬養首相がゐる際陸海軍將校が面會を申込んで來たが拒絶するや陸海軍將校の制服を着た六名が亂入しピストルを首相の頭部に向けて發射し首相は彈丸が命中し重態である、尚この日同じ服装をした海軍將校數名は同様ピストルを擬してちん入した、その他各閣僚も相當の被害ある見込なるも目下の所不明尚は首相その後の經過は非常に重態で目下手當中であるが生命覺束ない模様で一同憂慮してゐる

官邸日本間に侵入
我勝ちに首相へ發砲
二彈命中、すこぶる重態

東京朝日新聞社

五・一五事件勃発直後、東京朝日新聞が出した号外(1932/5/15)

まだった。

そんな中、一部の海軍青年将校たちによって決行されたクーデターが**「五・一五事件」**である。

◎五・一五事件とその顛末

クーデターは1932年5月15日に決行された。**目的は政財界の中枢を1人残らず抹殺し、政権を奪取すること**だった。

海軍士官たちは二手に分かれて永田町へと進撃。そして、首相官邸へ押しこんだグループは**犬養殺首相を射殺**してしまった。

しかし、もう一方のグループは大した成果を出せず、青年将校らの国家改造計画は失敗に終わった。

事件後、首謀者たちはすぐさま逮捕され、裁判にかけられることとなった。

クーデターをくわだて、一国の首相を殺害したのだから、普通なら死刑判決がくだされるところだが、裁判は意外な展開を見せる。なんと**国民たちから助命嘆願が殺到し、全員が微罪で終わってしまった**のだ。

事件を起こした将校たちに国民は好意的だった一方で、政治家への風当たりは強くなった。事件の責任を取るため大角岑生《おおすみみねお》海軍大臣が辞任したが、首相が軍人に暗殺された影響は拭いがたく、政府の威信は失墜したのである。

しかも、クーデターには失敗したものの、五・一五事件によって**「反乱を起こしても微罪で済む」「武力で政治を動かせる」**という意識が陸海軍内で広がってしまった。

この事件を受け、陸軍の青年将校たちも動きはじめた。

当時の陸軍は、武力による政権奪取を掲げた「皇道派」と、合法的な政権掌握を目指した「統制派」が対立していた。当初は統制派が優勢で、皇道派は劣勢に立たされていたが、五・一五事件後、皇道派がにわかに活気づく。首相暗殺という非合法手段をとった海軍の将校たちに、多くの国民の支持が集まったからだ。

「自分たちが事を起こしたとしても、同じように国民は認めてくれるはず」

そんな考えのもとで1935年8月に引き起こされたのが、「相沢事件」だ。

皇道派の筆頭だった真崎甚三郎《まさきじんざぶろう》大将の更迭に抗議するため、相沢三郎中佐が、**統制派の永田鉄山《てつざん》少将を暗殺**したのである。

陸軍の将来を担うと期待された永田を失ったことは、統制派にとって大きな痛手であった。

二・二六事件において、永田町を占拠する陸軍の兵士たち

一方で、事件の首謀者である相沢中佐は、一躍皇道派の英雄となる。そして、彼の行動に勇気づけられた同志たちは、武力による国家改造である「昭和維新」を決意し、賛同者を増やしていくこととなったのだった。

◎二・二六事件が起きる

1936年2月26日、ついに決起のときが訪れた。午前4時、雪降りしきる永田町を陸軍の兵士たちが行軍。その数は**約1500名**にも及んだ。

彼らは「尊皇」と書かれた旗を掲げ、各所へ攻撃を開始した。首相官邸と陸軍本部だけでなく、朝日新聞社や警視庁、大臣の私邸までもが攻撃目標とされ、**齋藤實《まこと》元首相を含めた4名の要人と5名の警察官が犠牲になった**。

永田町の制圧を完了した反乱軍は、川島義之陸軍大臣に対し、昭和維新への協力と真崎甚三郎内閣の

反乱軍を離脱し、原隊へと復帰する兵士たち（画像引用元：「近代日本史第９巻」）

発足を嘆願する。「天皇陛下の名のもとに天下を一つにする」「陸軍中心の政権を樹立する」という彼らの目標を達成するには、現役大臣の協力が必要不可欠だったからだ。

陸軍内部は一時混乱に陥り、反乱軍に同調する者も出始めた。だが、**昭和天皇は重臣が殺害されたことに激怒**。28日には昭和天皇直々の命令によって反乱軍を逆賊に指定し、討伐が決定された。

これを受け、海軍は海軍陸戦隊を芝浦に上陸させ、東京湾に急行した第1艦隊の各艦は砲を反乱軍に向ける。

一方、陸軍は内戦を回避するべく、ラジオやビラで反乱軍へ投降を呼びかけた。

「逆賊になったことを家族も悲しんでいるぞ」などと書かれたビラを見た兵士たちは後悔し、29日の午後までにほとんどが反乱軍を離脱した。

その後、クーデターの首謀者も、自決した野中四郎大尉以外の全員が逮捕され、内戦には至らず、「二・二六事件」は幕を閉じたのである。

◎首謀者たちは処刑に

五・一五事件では犯行グループは微罪で済んだが、二・二六事件ではそうはいかなかった。軍法会議は弁護人なしの一審のみで非公開という、被告らに圧倒的に不利な状況下で開廷。厳重な報道管制が敷かれたことで、助命嘆願運動も起こらず、19名の首謀者たちは死刑に処された。

こうして、日本の歴史に残る、軍人が起こした二つのクーデター騒動は終わりを告げた。だが、これらの事件を通じ、**政治家たちは再度の反乱を常に恐れるようになり、軍に頭が上がらなくなった**。

さらに陸軍内では、皇道派の失墜で勢力を伸ばした統制派が権力をさらに強化。結果として、国を憂いて散った若き将校たちの命と引き換えに、統制派のキャリアは陸軍内の主導権を確保し、政府への発言力を強化することになったのである。これ以降、軍の政治介入は顕著となり、官僚の人選や軍政、財政政策など、多くの政策が軍の影響を受けるようになった。

解明！

二つのクーデターを通じて政治家は軍を恐れるようになり、軍部の意見を無視できなくなった

20 日中戦争の謎

領土拡大の野心が泥沼の戦争を招いた？

◎盧溝橋事件の発生

1937年7月7日、**日本が泥沼の戦争に突入していくきっかけ**となった、ある事件が起きた。

この日の夜、日本陸軍歩兵第1連隊第3大隊の中の第8中隊が、北京郊外にある盧溝橋近くで夜間演習を行っていた。近くには中国軍も駐屯している。すると突然、数発の銃声が響きわたった。演習は即座に中止されたが、点呼を取ったところ、1人の兵士が行方不明となっていた。

行方不明の兵士はやがて発見されたが、第1連隊長の牟《む》田《た》口《ぐち》廉《れん》也《や》大佐は銃声の原因を中国軍にあるとし、不法射撃の陳謝を求める交渉を命令した。しかし、この交渉中に中国兵が攻撃を仕掛けてきたため、日本軍も応戦するなどして双方に死傷者が出てしまったのだ。

これが、後に**「盧《ろ》溝《こう》橋《きょう》事件」**と呼ばれる出来事の端緒であり、同時に、**長い長い日中戦争の始まりにもなった**のである。

ちなみに、最初の銃声を誰が発砲したのかは、現在も不明である。

日中戦争が始まって間もない 1937 年 8 月 8 日、北平に入城する日本軍の様子（画像引用元：「近代日本史第 9 巻」）

◎華北分離工作を企んだ日本

盧溝橋事件がなぜ起こったのか、詳しいことは藪の中だが、陸軍はこの事件を利用して**さらなる領土拡大を謀ろう**とした。

実は盧溝橋事件が起こる数年前、陸軍は大陸の権益拡大を狙って、ある地域を手中に収めようとしていた。それが、北京（当時は北平《ほくへい》）を含む中国の北部**「華北《かほく》地方」**だ。陸軍は華北地方を中国から切り離し、満州と同じく傀儡政権を立てて占領するという、いわゆる**「華北分離工作」**を企んだのである。

中国は当然反感を抱いたが、当時の中国は一つにまとまっていなかった。国民党が敵勢力を淘汰して政権を握っていたものの、新たな対抗勢力として中国共産党が台頭してきており、日本の企てに対処することが難しかったのである。

欧米並みの資本主義政策と民族主義を掲げて成立した国民党に対し、共産党はソ連にならった共産主義を目指して創立された。そして、農村や知識層の支持を得て勢力を伸ばしていたのである。

なお、共産党創設時のメンバーにはのちに国家主席となる毛沢東が参加しており、結党1年後には毛沢東を支えた周恩来が入党している。

◎国共合作した中国

やがて、国民党と共産党の対立は内戦にまで発展した。しかし、領土拡大を目論む日本軍は待ってはくれない。内戦を尻目に、日本軍は華北分離工作を推し進めようとした。

この動きに対し、共産党は国民党に共同で日本と戦おうという「八・一宣言」を行った。内戦をただちに中止し、抗日統一戦線を結成しようと考えたのである。

しかし、国民党の蔣介石は、日本軍の対処より内戦での勝利が重要だと当初は考え、共産党の提案を受け入れようとはしなかった。すると、国民党と共産党がもめている間に日本軍が**華北地方に傀儡政権を作り上げ、さらに内モンゴルにも関東軍の支援による自治政府を創設**してしまった。

この状況に危機感を覚え、動きを見せたのが張学良である。

張は、日本に対抗するためには、共産党と国民党がとりあえず手を結ぶべきだと考えた。そこで張は、華北で国民軍の一翼として共産軍と対峙していた際、突如クーデターを起こし、蔣介石を監禁してしまったのである。そして、共産党の周恩来らの調停で八・一宣言を蔣介石に認めさせ、**「国共合作」**が実現した。これが、いわゆる「西安事件」である。

盧溝橋における中国の国民革命軍（国民党の軍）部隊

こうして、中国政府は一応の統一を見せ、**日本は一枚岩となった中国を敵に回すことになった**。華北分離工作は失敗に終わり、日本の領土拡大策は修正を余儀なくされたのである。

◎事件不拡大を支持した石原莞爾

そんな中で起こった盧溝橋事件は、陸軍からすれば**華北分離工作の失敗を覆しうるチャンス**だった。

盧溝橋事件を受け、1937年7月10日、日本は北京と天津の在留邦人1万2000名を保護するという名目で6個師団の派遣を決定。翌日には政府も承認した。

華北分離工作が失敗したばかりだったため、陸軍内には事件を拡大させて一気に華北で勢力を伸ばそうと考える強硬論が主流だった。

しかしその一方で、事件の不拡大を訴える慎重派も存在していた。その一人が、意外なことに満州事

總動員法案けふ成立
貴院本會議に緊急上程
原案通り可決
修正案は否決
將來中支新政
北支政權に
閣議
對支兩會社案
衆院本會議可決

「国家総動員法」の成立を報じる新聞記事（東京朝日新聞夕刊 1938/3/25）

変のきっかけをつくった石原莞爾だった。

石原は事態を速やかに解決することを望んだ。石原が恐れていたのは、中国ではなくソ連だったからだ。石原は、満州帝国をソ連の脅威から守るためには、中国で無駄な兵力を割くべきではないと考えたのである。

だが、結局石原が支持した不拡大論は受け入れられず、日本軍と中国の衝突は止まらなかった。

◎戦争の泥沼化と国家総動員法

もちろん、政府内にも全面戦争は避けるべきだという意見があった。そのため、１９３７年7月末から8月にかけて、日本政府は中国外交部と交渉を重ね、停戦や国交に関する調整を進めていた。

しかし、そんな日中交渉をあざ笑うかのように、7月25日に北京近郊の廊坊《ろうぼう》駅で日中両軍が衝突。26日には北京広安門で日本軍が襲撃を受け、28日には北京・天津地域への本格的な攻撃が始まり、その後に戦火は上海まで飛び火した。さらに同年の12月には日本陸軍が国民党の首都・南京を攻略。こうなると、勢いにのった陸軍を誰も止めることはできなかった。

しかし、日本がすぐに降伏するだろうと侮っていた中国は、なかなか反撃を緩めず、戦争は**泥沼化の様相を見せ始めた**のである。陸軍は総力戦で事態を打開しようとし、関連法案の成立を政府に求めた。「国家総動員法」である。この法律は、すべての国民と物的資源を政府が統制運用できると規定しており、**言論までもが規制される**内容だった。

議員の中には反対を表明するものもいたが、結局、陸軍に押し切られるかたちで国家総動員法は成立。1938年4月に公布、5月に施行され、国民は国の統制下におかれることになった。

こうして、日中戦争を皮切りにして国家を挙げた戦時体制はますます強化され、国民も否応なく戦争への協力を求められるようになった。**すべてにおいて軍事が優先する時代**が始まってしまったのである。

解明！

盧溝橋事件を利用して大陸の権益拡大を狙った日本だが、戦闘は泥沼化して国内経済は疲弊した

21 三国同盟の謎
ドイツとの同盟にメリットはあった？

◎ドイツと急接近した日本

「ドイツに行った日本人が、ドイツ人から『次はイタリア抜きでやろう』と言われた」というジョークがある。日本とドイツ、イタリアは第二次世界大戦当時に同盟を結んでおり、この同盟でイタリアが日独の足を引っ張ったことを皮肉ったものだ。

イタリアの行動はさておき、日本とドイツが軍事同盟を結んでいたという歴史は、考えてみると不思議な話だ。というのも、**ドイツは第一次世界大戦で日本とは敵同士**であり、日本に植民地を奪われている。この同盟はどんな経緯で結ばれたのだろう。

日本とドイツが急接近する発端は1933年の日本の国際連盟脱退だった。日本が国際的な孤立を深めていくなか、陸軍からドイツと手を結ぶべきという意見があがる。ドイツも連盟から脱退して孤立していたうえ、日本が脅威を感じていたソ連はドイツの仮想敵でもあり、利害が一致していたのだ。

だが、交渉は一筋縄ではいかなかった。ドイツでは中国と手を組むべきという考え方が主流で、満

三国同盟調印式。左からイタリアのチアノ外相、ドイツのリッベントロップ外相、日本の来栖駐ドイツ特命全権大使。（画像引用元：『講談社日録20世紀1940』）

州国建国で中国との関係を悪化させていた日本を敵視する意見すらあった。

ところが、ある人物の鶴の一声で、**ドイツは急に親日路線に転向**した。その声の主はナチス・ドイツ総統アドルフ・ヒトラーである。

◎複雑怪奇なドイツの行動

ヒトラーの目論見は何だったのかといえば、一つはソ連への対策。もう一つは日本を**アジアでの牽制《けんせい》役**にすることだった。

ヒトラーは欧州の制覇を企んでいた。日独が軍事同盟を結べば、ドイツが欧州各国と戦争する際は、日本も参戦することになる。そうなればイギリスやフランスはアジアの植民地の防衛に力を注ぐ必要が生まれるため、戦力が分散すると考えたのである。

こうして1936年11月、日本とドイツは「日独防共協定」を結ぶ。「防共」の「共」とは共産主義のことで、ソ連に対する相互防衛協定だった。

さらに翌年7月以降、同じく国際的に孤立していたイタリアが日独に接近し、協定は「日独伊防共協定」へと姿を変える。日独伊三国同盟の実現は秒読みというところまで進展した。

だが、ここから状況は目まぐるしく変化する。ドイツは１９３９年、**敵だったはずのソ連と「独ソ不可侵条約」を結び、和解してしまう。**さらには共同でポーランドに侵攻し、第二次世界大戦を開始したのである。

日本を無視した暴挙に、当時の首相・平沼《ひらぬま》騏《き》一郎《いちろう》は呆れ果て「欧州情勢は複雑怪奇」と言い残して総辞職。**同盟は立ち消えになってしまう。**

だが、ドイツはその後、デンマークやオランダなど欧州各国を次々と占領。さらにはフランスをたったの１カ月で占領するという神がかり的な強さを見せると、日本では同盟の話が再燃し始めた。

当時の日本は長引く日中戦争に行き詰まっており、アメリカとの緊張も高まっていた。これほど強い**ドイツが味方になればこの苦境も打開できるはず。**そんな思いを込めて、１９４０年9月、日独伊三国同盟は締結されたのだ。

◎良いことなしだった三国同盟

日本にとって、三国同盟は大きな希望だった。ドイツの後ろ盾があれば、イギリスやフランスのアジアの植民地を奪うことができ、**日中戦争を有利**にできる公算が高い。交渉次第では日米関係も改善

パリを占領したドイツ軍が凱旋門を通り抜ける様子

できるかもしれない。

さらには、ソ連はドイツと関係良好であり、日独伊三国にソ連を加えた四国同盟を結べる可能性すらでてきた。事実、三国同盟締結を担った外務大臣・松岡洋右は、ドイツ特使ハインリヒ・スターマーから「ドイツは日ソの仲介人になる」と説得されたため、同盟締結に奮闘したのである。

しかし、かつて独ソ不可侵条約で裏切られたことからわかるように、**ドイツは信用してはいけない相手**だった。１９４１年、突然ドイツがソ連に宣戦布告して、戦争を始めてしまうのである。

ヒトラーはもともとソ連を倒し、その領土も含めた大ドイツ帝国をつくりだす構想を描いていた。ドイツ国内では、ソ連と戦うか否かで意見が対立していたという説もあるが、どちらにしても日本がドイツの腹の中を読みきれなかったのは事実だ。

独ソ開戦によってソ連が米英陣営についただけで

ヒトラー（右）との会談にのぞむ松岡洋右外務大臣（左）。松岡はドイツがソ連と開戦することを見越しており、ドイツとともにソ連を討つために同盟を結んだという説も出ている。

なく、ドイツの戦力が分散したことで、陥落寸前だったイギリスも息を吹き返してしまう。

日本の誤算はそれだけではなかった。アメリカのルーズベルト大統領は三国同盟に対して「全人類を支配し奴隷化するための権力とカネにまみれた邪悪な同盟」と**大激怒**したのだ。日米関係を改善するどころか、三国同盟は**アメリカが第二次世界大戦への参戦を決意する原因の一つになった**のである。

すなわち、ドイツと手を組んだことで、日本はさらなる窮地に陥ってしまったのだ。

◎日本を蔑んでいたヒトラー

ともあれ、こうなった以上、はみ出し者同士で手を取り合っていくしかない。だが、日本とドイツの関係が良好だったかといえば、そうでもない。**ヒトラーは日本を蔑《さげす》んですらいた**。

いざ太平洋戦争が始まると、真珠湾攻撃の成功をはじめ、緒戦は日本の快進撃が続いた。同盟国としては喜ぶべきことだが、1942年2月に日本軍がイギリス軍のシンガポール要塞を陥落させたという知らせを聞いたヒトラーは、こんなことを言っている。

「喜ぶと同時に、悲しむべきことだ」

つまり、白人至上主義を掲げるヒトラーにとって、**白人国家であるイギリスが黄色人種の日本に負けることは我慢ならない**ことだったのだ。彼の日本への嫌悪は並々ならないものがあった。マスコミから「(日本と同盟を組むことは) 白色人種の結束を破壊しているのではないか」と批判された際は、「肝心なのは勝つことであり、そのためには悪魔と手を組むこともある」とまで語っているのである。

このような感情は同盟関係にも大きく影響し、地理的に離れすぎていたこともあるものの、日独両軍が**協力しあうことはほぼ皆無**だった。

そして、三国同盟はメリットをほとんど生まないまま、1945年5月のドイツ降伏、8月の日本の降伏によって消滅した。希望的観測で結ばれた同盟は、国際社会では通じないようだ。

解明！

日本は快進撃を続けるドイツと同盟を結んだものの、思惑の違いから軍事協力は限定的だった

22 日米外交と開戦の謎

日本に開戦を決断させた外交文書とは？

◎満州に対するアメリカの思い

日本の中国侵攻と満州国建国について、アメリカの反発は強かった。ただそれは、決して**正義や平和のためなどではない**。

1930年代のアメリカは、植民地であるフィリピンを足がかりにして、アジアの利権拡大をもくろんでいた。その標的となっていたのが中国大陸で、特に満州は日露戦争時から目をつけていた、アメリカ悲願の地でもあった。その満州を日本は事実上の植民地とし、中国市場でも幅を利かせていた。アメリカにとって、こうした動きは許せないものだったのだ。

そんなアメリカの態度をますます硬化させたのが、1938年11月3日に近衛文麿首相が行った「東亜新秩序声明」の発表である。この声明で、日本が欧米植民地の解放と中国・満州との連帯を明確にしたことによって、アメリカは激怒し、中国への物資支援を強めると共に、日本への具体的な制裁を検討し始めた。

開戦の直前まで、日米交渉にあたっていたアメリカ国務長官だったコーデル・ハル（左）と野村吉三郎駐米大使（右）

◎対日貿易包囲網

アメリカの選んだ日本に対する制裁方法は、**経済制裁**であった。

日本は、満州を手に入れてはいたが開発は始まったばかりで、資源の大半を輸入に頼るという状況は変わっていなかった。そして、日本が資源を輸入していた最大の相手国は、アメリカだったのである。

1939年の時点で、日本は鉄鉱石と石油の約7割をアメリカから輸入しており、兵器を造るための工業機械も、6割近くがアメリカ製品で占められていた。つまり、日本はアメリカと対立しつつも、**アメリカなしでは国も軍も維持できない**ほど、この国に依存していたのである。

この弱みを、アメリカは的確に突いてきた。

1939年7月、アメリカは日米間貿易の基礎である**「日米通商航海条約」の破棄**を日本へ通達し、翌年の6月には、工業機械を全面的に禁輸した。

それでも、日本はアメリカへの譲歩ではなくドイツとの協力を選び、1940年9月に日独伊三国同盟を締結。1941年7月には、資源不足解消のために南部仏印（現ベトナム周辺）へと進駐する。

こうした行動はアメリカのさらなる怒りを呼び起こした。アメリカは日本のインドシナ進駐とほぼ同時に、在米日本資産の全面凍結を決定し、さらに**日本に対する石油の輸出を停止**したのである。

他の国々も、アメリカに追従して日本との貿易を次々と取りやめた。これが、後に**「ABCD包囲網」**と呼ばれる各国の貿易制限政策で、「ABCD」とはその中心となった国家、すなわちアメリカ（America）、イギリス（Britain）、中国（China）、オランダ（Dutch）の頭文字をとったものである。

◎進まない日米交渉

石油の全面禁輸によって、日本の軍部は大きな衝撃を受けた。この頃の日本軍は、日中戦争によって1日に約1万2000トンもの石油を消費しており、このままではいずれ備蓄も底をつき、**軍そのものが行動不能**になることは明白だった。

その解決策として、軍部は早期開戦を主張し始めていたが、日本政府は平和的手段での関係修復を目指し、南部仏印進駐の3カ月前から、アメリカとの和平交渉を進めていた。

この交渉を担当したのが、野村吉三郎《きちさぶろう》駐米大使と、国務長官のコーデル・ハルである。中国への支援停止と輸出制限の解除を求める日本に対し、アメリカは三国同盟破棄と大陸からの撤退を主張した。

ルーズベルト大統領の友人でもあった野村を交渉役としていたため、日本は自信を持っていたが、

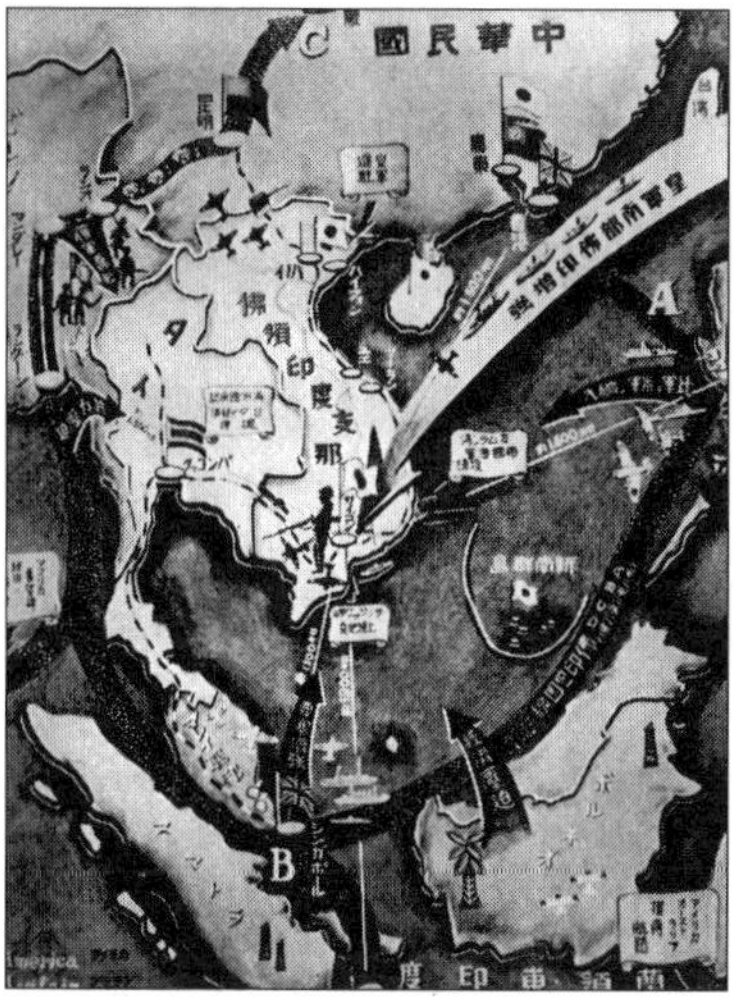

「ABCD 包囲網」を描いたポスター。政府や軍部の指導を受け、マスコミはこの包囲網の脅威などを宣伝し、戦争へ向かうための世論を形成した。（画像引用元：「近代日本史第 10 巻」）

その考えは甘かった。前述のとおり、交渉途中に日本軍が南部仏印に進駐したことで、アメリカ側は態度を硬化させてしまったのである。

その後も交渉は思うように進まなかったため、一度は御前会議で対米英蘭戦の開戦が決定された。ただ、外交交渉による戦争回避の可能性はまだ残されていると判断し、期限付で日米交渉が続けられた。

そして**日本はアメリカへの譲歩を決めた**。11月7日には「中国との和平後に大陸から撤退する」という「甲案」を、20日には「南部仏印からの撤退と引き換えに禁輸処置の解除を求める」という「乙案」をそれぞれ提出し、アメリカからの回答を待つことにしたのである。

◎「最後通牒」ハル・ノート

日本の案に対して11月26日、アメリカからの回答が届く。主な内容は次の通りだった。

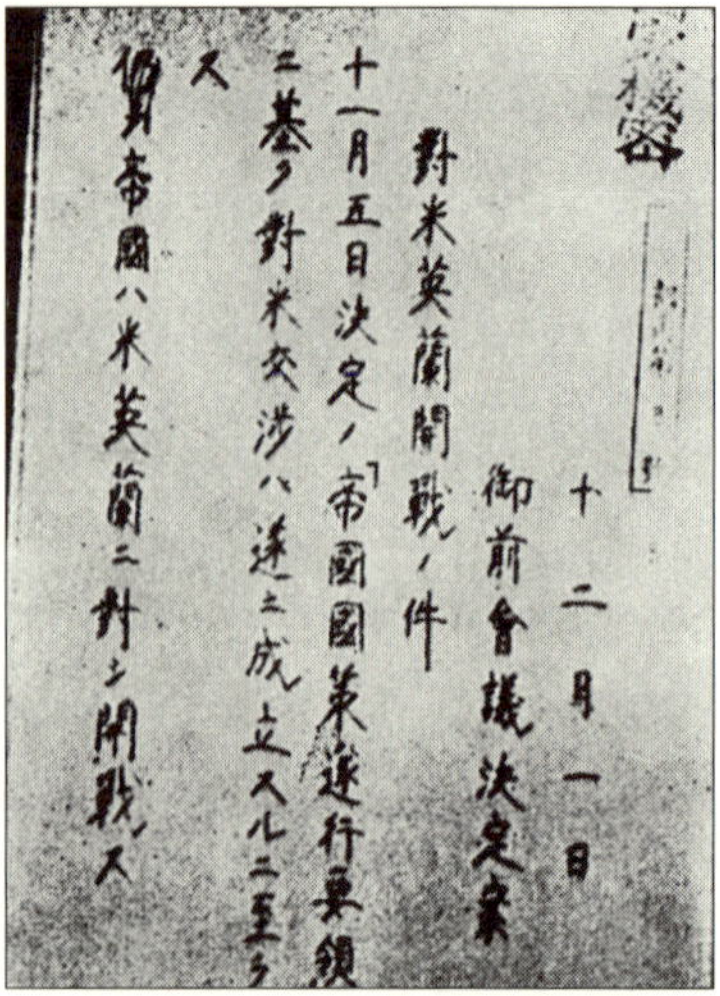
十二月一日
御前會議決定案
對米英蘭開戰ノ件
十一月五日決定ノ「帝國國策遂行要領」
ニ基ク對米交渉ハ遂ニ成立スルニ至ラ
ス
帝國ハ米英蘭ニ對シ開戰ス

1941年12月1日に開かれた御前会議における決定案。「帝国は米英蘭に対し開戦す」という文言が見られる。（画像引用元：「近代日本史第10巻」）

「南部仏印を含むアジアからの無条件撤退」
「アメリカが支援する中国国民党政権のみの承認」
「日独伊三国軍事同盟の空文化（無効化）」

要望内容は、これらを含めた全10項目にわたり、日本が要望を呑んだ場合に限りアメリカは輸出の再開と経済制裁解除に応じるとした。

要するに、アメリカは**「資源を恵んでほしいのならば、中国大陸を満州事変前の状態まで巻き戻せ」**と言ってきたのである。

ハルとルーズベルトの間で作成されたこの文書は、正式名称を「アメリカ合衆国と日本国の間の協定で提案された基礎の概要」といい、現在では**「ハル・ノート」**という名で広く知られている。

この文書を受け取った日本は愕然とした。特に「アジアからの無条件撤退」という条件は、軍部を憤らせた。

アジアといえば、日本が生命線だと考えた満州国が含まれる。ソ連への備えとしての役割や経済利権などを考えれば、どんな条件をつけられても絶対に手放すわけにはいかない土地だ。条文に満州の文字はなかったが、軍はアジアの中に満州も含まれていると認識した。

しかも、日中戦争ですでに十数万の犠牲を強いているのに、無条件で撤退などすれば、軍だけでなく世論も黙っていない。

他の条件についても、三国同盟の破棄は陸軍が許すはずがなく、中国国民党政権のみの承認は、日本が作った親日政権の否認にも繋がる。

つまり、「ハル・ノート」の受理は、軍にとっても政府にとっても到底無理だったのだ。

結果、当時の東條英機首相は昭和天皇に**「ハル・ノートはアメリカからの最後通牒です」**と告げ、政府は日米交渉の継続を断念した。

そして12月1日、御前会議で日米開戦が正式に決定する。これにより、ついに**日本はアメリカとの全面戦争に突入**していくこととなるのである。

解明！

アメリカからそれまでの交渉を無視した強硬案をつきつけられたことで、日本は開戦に踏み切った

23 真珠湾攻撃の謎

アメリカは真珠湾攻撃をわざと許した？

◎大成功した真珠湾攻撃

１９４１年12月8日午前1時30分、ハワイ・オアフ島に近づいた日本海軍連合艦隊の空母6隻から、航空部隊が発進した。

航空部隊は、真珠湾基地に停泊していたアメリカの太平洋艦隊を攻撃。日曜日の朝だったこともあり、アメリカ軍に反撃の暇はなく、日本軍は見事に攻撃を成功させた。

この**「真珠湾攻撃」**によって、アメリカ軍は戦艦5隻を沈められ、３００機以上の航空機を失った。戦死者は行方不明者も含め約２４００人、戦傷者が約１４００人にも及んだ。

対して日本軍の受けた損害は、第1次攻撃部隊１８３機、第2次攻撃部隊１６７機のうち未帰還機が29機で、戦死者は64人。日本軍の圧倒的な勝利だった。

しかし、戦術的には大成功を収めた真珠湾攻撃だったが、戦略的には失敗を犯していた。そのうえ、アメリカは日本からその失敗を引き出すために、**わざと真珠湾攻撃を許した**という説まであるのだ。

日本が仕掛けた奇襲「真珠湾攻撃」により炎上するアメリカ戦艦「アリゾナ」

◎真珠湾攻撃の誤算

その一つが**空母の有効性**をアメリカに知られてしまったことである。

真珠湾攻撃以前は、日本もアメリカも、「航空機では戦艦や空母を沈めることはできない」という考えを持っていた。

海戦は戦艦同士の砲撃戦が主であり、航空機は敵艦に火災を起こさせたり、大砲を破壊したりといった補助的なものだと考えられていた。

しかし、真珠湾攻撃を通じて航空機でも戦艦を撃沈できることが明らかになった。大砲を積んだ巨大戦艦で相手を攻撃する「大艦巨砲主義」は時代遅れとなり、航空機主体の時代が訪れたのである。

もう一つの失敗が、**厭戦気分の広がっていたアメリカの雰囲気を一転させてしまった**ことだ。

真珠湾攻撃を立案した連合艦隊司令長官・山本五十六大将は、アメリカの圧倒的な工業力をよく理解していた。豊富な資源や大量生産体制など、アメリカの国力は日本と比べ物にならない高いレベルにあった。

山本は、そんな国に太刀打ちするには先手を取ってアメリカ国民の戦意を喪失させ、速やかに講和へと持ち込むしかないと考え、真珠湾攻撃を実行したのである。

しかし、山本の狙いは見事に外れた。日本が宣戦布告前に真珠湾を攻撃したため、アメリカ国民はこの攻撃を卑怯な奇襲と見なして激怒。**国民は対日戦を支持するようになった**のである。宣戦布告が遅れた理由は諸説あるが、いずれにせよ、山本の意図とは異なる結果を招いてしまった。

この事態は、アメリカやイギリスの指導者を喜ばせた。

当時、ヨーロッパではドイツ軍が破竹の勢いで進軍し各国を制圧していた。フランスのパリはドイツ軍に占領され、イギリスも苦戦していた。アメリカは同盟国であるイギリスを助けるためにヨーロッパ戦線に介入したかったが、前述のとおり国内世論が許すはずもなかった。アメリカは、他国に介入しない代わりにアメリカにも介入するな、というモンロー主義をとっていたし、当時のアメリカ大統領ルーズベルトは、「世界大戦への不介入」を公約に大統領となっていたため、ドイツへ宣戦布告するためには口実が必要だった。

そんな中で起こった真珠湾攻撃は、世論の反対を受けることなく上手く大戦に参戦したいルーズベルトからすれば、**最適の口実**だった。イギリスの首相チャーチルも、これでアメリカが参戦できる、という喜びの文面を日記に残しているぐらいだ。

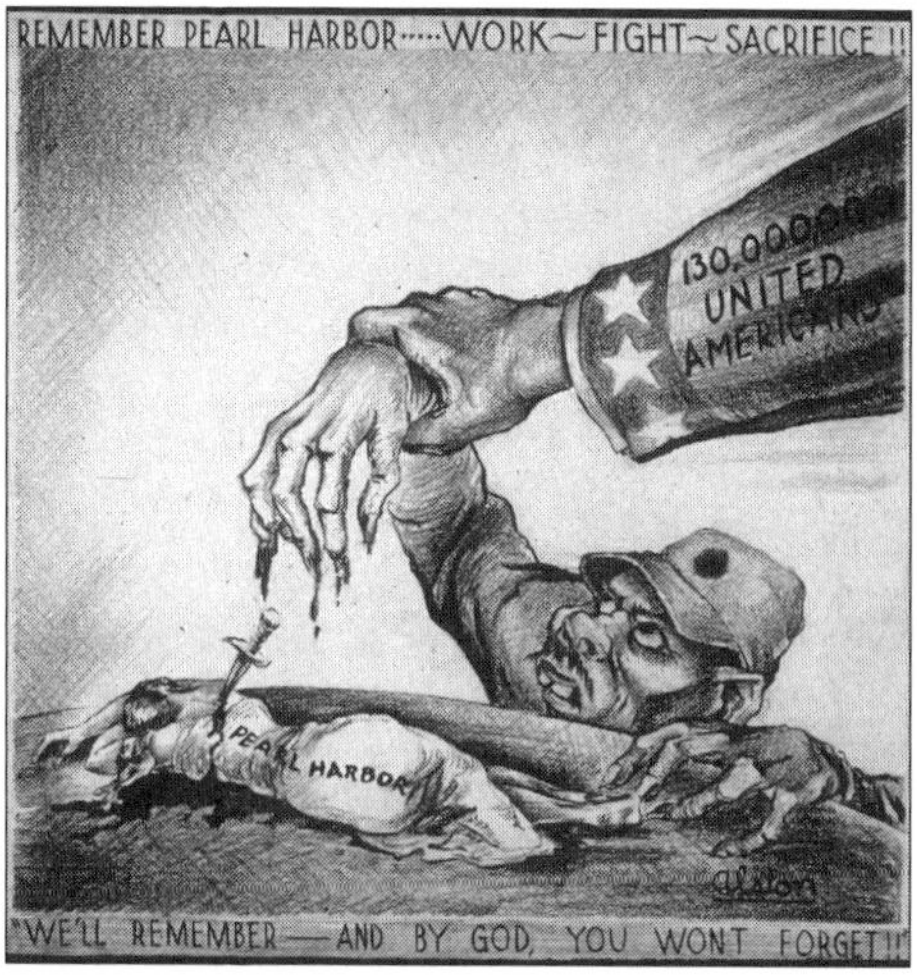

日本軍による真珠湾攻撃は宣戦布告が遅れたため、アメリカ国民はこの仕打ちを卑怯なだまし討ちだとみなして激怒。厭戦的だった世論は対日参戦支持に一転した。新聞紙面や広告には「Remember Pearl Harbor（真珠湾を忘れるな）」の文字が躍った。

ともあれ、結果として真珠湾攻撃は、山本が狙った「アメリカ国民の戦意を喪失」とは、かけ離れた作戦になってしまったのだった。

◎アメリカは知っていたのか？

こうしてアメリカは対日参戦を果たし、ドイツにも宣戦布告することができた。しかし、これではあまりにも話が上手すぎるという考えから、**アメリカはだまし討ちといわれる真珠湾攻撃を、前もって知っていたという説がある**のだ。

実は当時、アメリカは日本の外務省が使用していた暗号機の構造を解析し、日本の暗号解読に成功していた。日本の外務省から送られた駐米大使館への電文内容はアメリカに筒抜けだったのである。

そのため真珠湾の奇襲も、暗号解読をしたアメリカ側が察知していたといわれるのである。

ただ、この説には反論もある。

真珠湾攻撃の翌日、議会の支持を得たルーズベルト大統領は、日本に対して宣戦布告。アメリカ国民の戦意を喪失させるという山本五十六の目論みははずれ、日米は太平洋戦争に突入した。

外務省の暗号電文が解読されていたとしても、外務省が送る情報はあくまで外交に関するもの。真珠湾攻撃のような軍事に関するものではない。

外務省の暗号機は解読されていたとはいえ、**日本海軍の暗号までは解読されていなかった**と考えられているため、アメリカ軍が暗号解読によって真珠湾攻撃を察知できたとは考えにくい。

また、日本は真珠湾攻撃を成功させるために機密保持を徹底していた。攻撃時にハワイに向かった日本の機動部隊は、一切の無線通信が禁じられており、艦内電話すら使われなかったという。

実際、日本の偵察機が帰路を見失った際にも、傍受を恐れて通信を断念し、遭難してしまったという話も伝わっているほどだ。

しかも、忘れてはいけないのは、アメリカは真珠湾攻撃によって戦艦や空母、航空機など、多数の兵器を失い、戦力が大幅に低下しているのである。本当に攻撃があることを知っていれば、もう少し防ぎようがあったのではないだろうか。
これらの点を勘案すると、アメリカが真珠湾攻撃を知りながら見逃したとする説は、やはり根拠のない憶測だと言わざるをえない。**日本側が卑怯者とみなされるのを嫌って流したでまかせ**だと考えた方が自然だろう。

◎アメリカに火をつけた日本

真珠湾攻撃後、「リメンバー・パールハーバー」をスローガンにアメリカ国民は日本への復讐に駆られ、議会は圧倒的多数の賛成を得て対日参戦を決定。日本に対して宣戦布告を行い、太平洋戦争の火ぶたは切られた。
前述したイギリス首相チャーチルは、アメリカを「巨大なボイラーのようなもので、いったんその下に火をつけると、生み出す力は際限がない」と評していた。チャーチルの言葉を借りれば、日本は無謀にも、自らの手でアメリカという巨大なボイラーに点火してしまったのである。

解明！

真珠湾攻撃は戦略的な成功を収めたが、厭戦的だったアメリカ世論を一転させてしまった

24 戦争指導者の謎

東條英機は独裁者だったのか？

◎役人タイプという一面

真珠湾攻撃を皮切りに戦争に突入することになった日本とアメリカ。この開戦時に首相を務めていたのが、あの**東條英機**《とうじょうひでき》だ。東京裁判でA級戦犯に指定されたことから、日本を悲惨な敗戦に導いた「独裁者」だと思っている方もいるかもしれない。

実際、東條は、憲兵や特別高等警察を使って民間人に圧力を加え、自分に敵対する者は、たとえ同じ軍部の人間であろうと政府の役人であろうと排斥し、戦争の遂行を推し進めた。対外政策でも強硬な態度をとり、アメリカとの戦争回避に向けて外交交渉を続ける閣僚に対し、主戦論を唱えたともいわれている。

しかし、あまり知られていない意外な部分もある。それは、仕事を決して人任せにせずに与えられた命令を確実にこなし、部下の管理も怠らない、いわば**「事務官吏」として非常に有能だった**ことだ。そして、何よりも秩序を重んじ、組織に忠実な面もあった。

太平洋戦争海戦時に首相を務めた東條英機。陸相を兼任し、戦況が悪化すると他の大臣職も兼任して権力を自分に集中させた。そうした経緯からヒトラーのような独裁者と思われることもあるが、実際はどのような人物だったのだろうか。

では、一国の舵取りを担うべき首相の座に、東條のような「生真面目な小役人」が就いていたのはなぜなのだろうか？

◎「メモ魔」だった東條

１８８４年に生まれた東條は、陸軍大学校を卒業した後、着々と出世を重ね、１９２６年に陸軍省軍務局高級課員になった。

事務官時代の東條は、何かにつけては手帳を取り出して記録するという癖があり、このために**「メモ魔」**と称されるほどだった。

ちなみに、この癖は後に首相になってからも変わらず、部下の報告は必ずメモを取り、テーマ別、年月日別に分類して書類箱に整理し、日曜日には1冊にまとめるほどに徹底していたといわれている。

そんな東條が、関東軍参謀長、陸軍次官を経て、陸軍大臣に就任したのは１９４０年のことだった。

このころの陸軍は、泥沼化していつ終わるのか分からない日中戦争に苛立ち、政治へ干渉したり中国大陸で暴走したりと、政府の力でおさえるのが難しい状態にあった。

さらに、アメリカ、イギリス、オランダが中国と手を結んで包囲網を作り、石油などの資源を日本に輸入させないようにしたことが、軍部の怒りに拍車をかけた。

こうした状況を改善しようと、当時の近衛文麿《このえふみまろ》内閣は妥協案を探り、中国からの撤兵を条件にアメリカとの衝突を避けようとしたが、これに陸軍が猛反発。これでは外交交渉による解決が厳しいと判断した近衛内閣は、総辞職してしまった。

そこで次の総理として白羽の矢が立ったのが、陸軍大臣の東條だった。二・二六事件後、反乱に加担したとして皇道派の実力者が予備役に編入されていたことで、統制派の東條は首相候補となるほど陸軍内での序列が急上昇していたのである。

その真面目さから、東條は陸軍の内情をよく把握しており、下士官たちの面倒見も良かった。私生活においてもスキャンダラスなことはなく、陸軍内部の評価も高い。さらに、軍人としての秩序を重んじるので、自分の考えと相反することがあろうとも、天皇の命令には絶対服従するはず。こうした理由から、1941年10月18日、東條は陸軍大臣との兼任で総理大臣に就任したのだった。

◎一生懸命仕事をする

東條が首相に就任した当時、すでに戦争回避は難しい状況ではあったが、昭和天皇が日米交渉の継

1941年10月18日に発足した東條内閣の面々。アメリカとの戦争が近づく中、東條は天皇の命に従い、外交交渉を続けたが、結局交渉は決裂した。

続を東條に下命するとその命令に従い、中国大陸から撤兵せずにアメリカとの戦争を回避する方法を模索したという。それほど几帳面な東條を天皇も**「一生懸命仕事をやる」**と評価している。

しかし、結局、日米交渉は決裂してしまい、1941年12月8日、日本は太平洋戦争に突入することとなった。

開戦当初、陸海軍は連戦連勝を重ねた。その様子に国民は、「元寇のときには北条時宗、この国難には東條英機」ともてはやしたが、そのムードも長くは続かなかった。戦況が悪くなるにつれ、責任はすべて東條に押しつけられるようになったのである。

それでも生真面目な東條は、戦争を続けていく決意を見せた。陸軍大臣、内閣総理大臣だけでなく、内務大臣、外務大臣、文部大臣、商工大臣、軍需大臣を兼任し、軍に指令を下す参謀総長も務めて、**権力を自身に集中させた**のである。

「極東国際軍事裁判」（東京裁判）で、被告台に立つ東條英機

そして国民に対しても、反戦を唱える者や軍の命令に従わない者には、憲兵や特高を使って弾圧を加えていった。

しかし、その後も戦況が好転することはなく、1944年7月、東條内閣は責任をとって辞職。翌年の8月15日に終戦を迎えた。

◎政治の世界は「水商売」

戦争遂行のために権力を自分に集中させて、かつてない国難を自身の考えだけで切り抜けようとした東條英機。しかし実は、彼は政治の世界を**「水商売」**といって嫌い、首相時代に「自分は政治家ではない。多年の軍隊生活で知りえた戦略をそのまま行っている」とも漏らしている。

繊細で生真面目だった東條にとって、政治家という、ある意味日々博打を打つような仕事は、性格的に合わなかったのだろう。

それでも東條は、周囲の推挙もあって、「戦争の遂行」の旗頭として、日本を引っ張っていくことになった。拒否することもできたかもしれないが、所属する組織からの命令を断るという考えを、東條は持ち合わせていなかった。個人の意思で「秩序」をないがしろにすることなど、到底できなかったのだ。

日本がポツダム宣言を受け入れ、ＧＨＱによる占領政策が始まると、戦争犯罪者を裁くために極東国際軍事裁判、通称東京裁判が行われ、東條も法廷に立たされた。そしてＡ級戦犯とされた東條は絞首刑という判決を受け、１９４８年12月23日、64歳で刑死した。

なお、この裁判において東條は、「太平洋戦争は自衛戦争だ」として国家弁護は行ったものの、自己弁護は口にせず、敗戦の責任も自分が負うと明言。天皇に戦争責任はないと主張している。

真面目な性格だったからこそ、天皇からも信頼され、仕事もできると評価された東條だが、**国の危機を切り抜けるだけの大局観には欠けていた**。政治家として必要な臨機応変さやずる賢さ、あるいは妥協する姿勢までは身につけていなかったのである。

解明！

対米開戦時に首相だった東條英機は真面目な能吏だったが、国を指導する大局観は欠けていた

第五章
なぜ大日本帝国は滅びたのか？

25 ミッドウェー海戦の謎

日本の敗北を決定づけた海戦とは？

◎日本の快進撃にブレーキ

太平洋戦争において、日本は負けっぱなしのイメージが強いが、実際はそんなことはない。初戦となる真珠湾での圧勝にはじまり、東南アジアではヨーロッパ列強の駐留軍に圧勝するなど、戦争当初は快進撃を続けたのである。

劣勢に転じたのは、**ある戦闘がきっかけだった**とされる。1942年6月5日からアメリカ軍の基地があるミッドウェー島で日本海軍とアメリカ海軍が衝突した**「ミッドウェー海戦」**だ。

アメリカの戦力は航空母艦3隻、巡洋艦7隻などだったのに対し、日本は航空母艦6隻、戦艦11隻、重巡洋艦10隻と圧倒的な多勢だった。しかし、蓋を開けてみれば日本軍は赤城、加賀、蒼龍、飛龍など主力空母を4隻失う大敗を喫してしまったのである。

このミッドウェー海戦には、敗北を決定づけた**「運命の5分間」**があったというのが定説だ。ことのあらましは以下のとおり。

1941 年に撮影されたミッドウェー島。ハワイ諸島の北西に位置する非常に小規模な島だが、太平洋を横断する航空機の補給地として軍事的に重要な意味合いを帯びていた。

海戦の最大の目的は、ミッドウェー島を攻め落とすことだったが、アメリカ軍の空母艦隊が反撃してきた場合、それを攻撃し、数を減らすことも重要な狙いだった。そのため日本軍の戦闘機の武装は、基地爆撃用の爆弾と、空母攻撃用の魚雷の2種類が用意されており、攻撃対象によってこれを積み替える必要があった。

そして戦闘が始まったものの、敵空母を発見できなかった日本軍は戦闘機に基地爆撃用の爆弾を積み込み始めた。だが、急遽敵空母が現れたため、今度は大急ぎで魚雷に積み替えることになった。

この時間のロスが致命傷だった。あと5分で戦闘機が出撃できるというところで敵戦闘機が襲いかかり、日本軍の戦闘機や空母は、無防備なまま撃破されてしまったのだ。

5分早く武器の積み替えが終わっていれば勝敗も変わっていたとされ、その無念から「運命の5分間」

といわれるのである。

しかしながら、本当にこの「5分間」が存在したかどうかについては反論の声も多い。というのも、「あと5分で出撃できていた」と語るのは草鹿龍之介《くさかりゅうのすけ》参謀長などの一部の将校だが、より多くの日米の生存者が、**襲撃の時点で戦闘機は空母の甲板に並んですらいなかった**と証言しているのである。

◎解読されていた暗号

勝敗を分けたのは情報力だ。

当時の日本海軍の暗号は、アメリカを「K」、ソ連を「V」、英領太平洋諸島は「R」というように国名や地名をアルファベットで表していた。

アメリカ軍は日本軍の次の攻撃先を割り出すことに躍起になっていたが、通信は傍受していたものの当初は暗号が解読できなかった。けれど、ある時期から日本軍の暗号網に「AF」という単語が頻繁に現れるようになった。アメリカ軍の暗号解読班は、それがミッドウェー島を指しているのではないかと考えたが、決定的な証拠がない。そこで一計を案じた。あえて日本軍が傍受できるよう、「ミッドウェー島で真水が不足している」という嘘の情報を暗号化せずに流したのだ。

すると、直後に日本軍の暗号網に「AFは真水が不足しているようだ」という報告が現れた。これによって「AF」がミッドウェー島であることが判明。暗号の解読は進められ、攻撃の日時まで割り出された。**日本軍は奇襲のつもりだったが、アメリカ軍は万全の体制で迎え撃つことができた**のである。

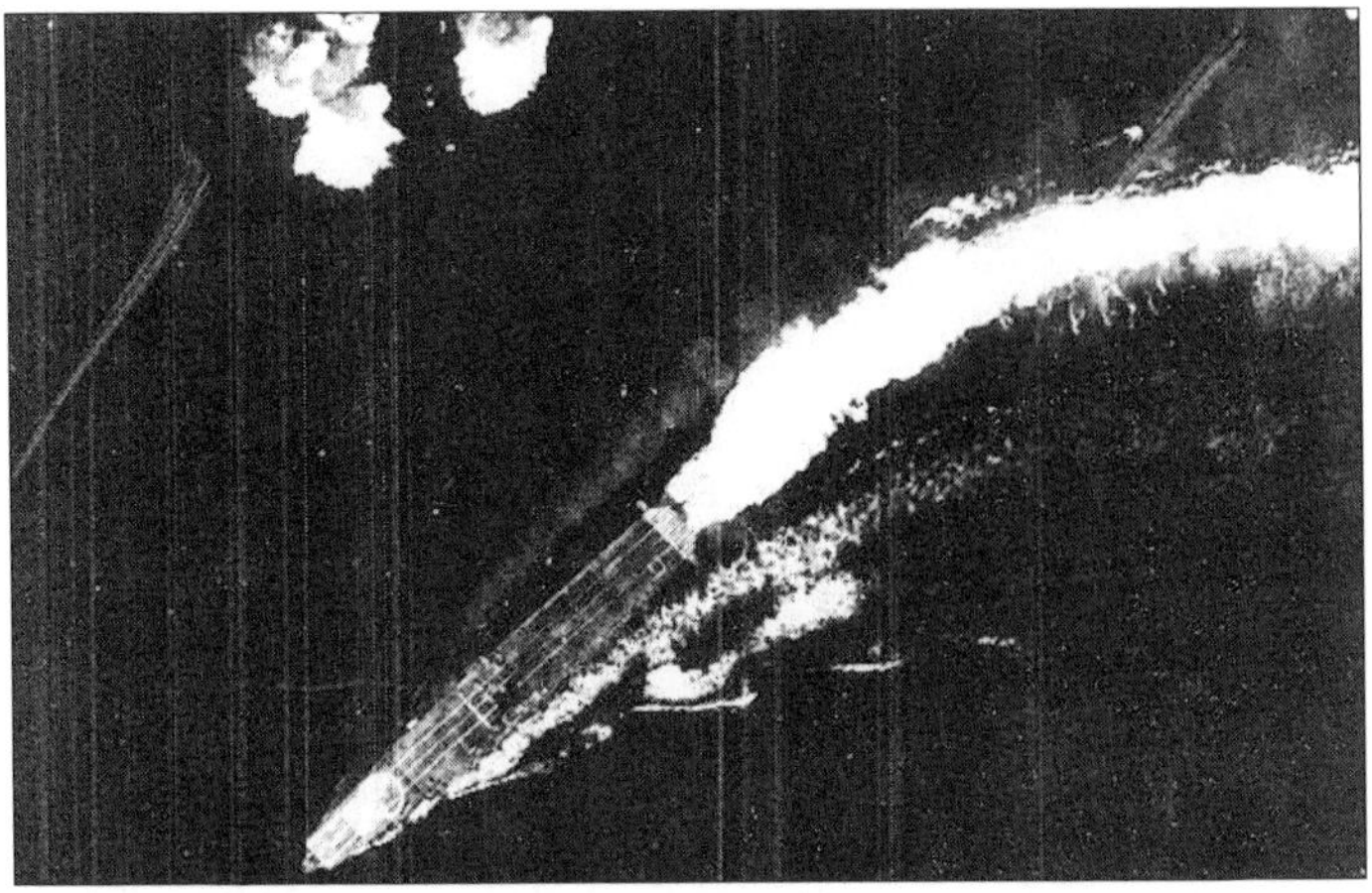

アメリカ軍のB-17爆撃機の攻撃に対し、回避行動をとる空母「飛龍」

ちなみにアメリカが暗号の解読に成功したのは5月27日。日本は防衛上の理由で定期的に暗号を変更していたが、それも5月27日だった。

もっと早く暗号を変更していれば、アメリカ軍が暗号を解読することもなく、日本軍の奇襲も成功していた可能性があったのだ。

◎太平洋戦争の本当の敗因

さて、先述の通り、ミッドウェー海戦で主力空母を失ったことで、日本は敗戦へ転げ落ちたといわれることが多い。が、この説にはやや誤解がある。

というのも、ミッドウェー海戦後の1942年12月の段階でも、太平洋上の空母は日本6隻、アメリカ3隻と倍の戦力差があった。

すなわちミッドウェー海戦に敗北しても半年以上は戦場の主導権を握っていたのである。

では、なにが戦況をひっくり返したかというと、

前線視察のためラバウル島にやってきた山本五十六。1943年、ソロモン諸島で米軍に殺害された後は、約1カ月間その死が秘匿され、5月21日に発表。6月5日に国葬された。

アメリカの怪物じみた工業生産力だった。

1943年6月の時点で太平洋上の空母は日本6隻、アメリカ11隻となり、その1年後には戦闘の損失による増減もあるが、日本6隻、アメリカ21隻と3倍以上の差がついてしまう。

つまり、ミッドウェー海戦の勝敗にかかわらず、開戦時から日本の敗北は決まっていたのだ。

◎日本が勝てないことはわかっていた

この事実を日本でもっともよく理解していたのは、真珠湾攻撃やミッドウェー海戦を立案した山本五十六連合艦隊司令長官本人だった。

山本は当初から開戦反対派だった。戦争初期の日本軍の快進撃を成功させたのも、戦争に勝利するためではない。山本の狙いは、アメリカの工業力が大量の空母を作り出す前にできる限り被害を与え、戦意を喪失させたうえで講和に持ち込むことだったのである。

けれど、ミッドウェー海戦の大敗を境に、軍令部は長期戦を主軸とした戦略へ方針を変えた。さらに主力空母を失ったことから、山本が狙っていた、**短期間で勝利を収め、講和に持ち込むという戦法は非常に難しくなった**。

そんな山本が戦死したのは、ミッドウェー海戦から約10カ月後、ソロモン諸島でのこと。前線の航空基地を視察するために飛行していたところをアメリカ軍機に撃墜されたのだ。

実はアメリカ軍はかねて山本の抹殺を企んでおり、その行動予定を綿密に調査していた。日本軍側もそれを懸念しており、山本の視察の際には大量の護衛機をつけようとしていたが、山本が「大切な飛行機をたかが護衛のために、そんなに飛ばす必要はない」と拒否。零戦6機が護衛についたものの、襲撃したアメリカ軍機は16機におよび、為す術無く撃ち落とされてしまったのである。

こうして、圧倒的な工業力で体制を立て直したアメリカに対し、日本は連合艦隊司令長官を失い、ミッドウェー海戦で失った戦力を埋め合わせることもできないまま、戦争を続けることになった。

解明！

ミッドウェー海戦の敗北で日本の戦力は低下し、アメリカに体制を立て直す隙を与えた

26 日米の国力差の謎

日本は効率の悪い戦争体制だった？

◎研究員を大切に扱った米軍

第2章で紹介したとおり、帝国陸海軍には世界屈指の実力を誇る兵器が、数多く存在した。にもかかわらず、日本は連合国、とくにアメリカに対して大敗してしまう。その理由の一つが、工業や経済、人口といった国力と資源などの物量差だ。

日米の国力は圧倒的な差があった。開戦前の1941年ですら、国民生産力で約11・8倍、商船と航空機の生産高は約5倍、石油の生産高は約530倍という途方もない状況だった。兵器の生産数にも差は出ており、戦闘機・爆撃機生産数は日本の3倍以上、戦車・自走砲は、なんと約45倍もの差をつけていたのである。

それに加え、**技術的格差が広がっていった**ことも敗北の要因の一つとして考えられる。

太平洋戦争開戦当初、日米の技術差はあまり開いておらず、日本は零戦や酸素魚雷など、世界に冠たる兵器を生み出している。それでも大戦末期にアメリカが圧倒的に先をいっていたのは、技術者の

アメリカ・ミシガン州の工業都市デトロイトで生産されるM4中戦車「シャーマン」。圧倒的な工業力を背景に、アメリカは戦争中も兵器を戦場に供給し続けた。

人員数や豊富な研究資金に加え、**科学者を優遇していた**からだ。

戦争中、アメリカ軍の兵器開発は陸海軍の研究所で行われていた。当然研究員は軍の管轄下に置かれて、支給される予算で技術研究をしていたのだが、驚くべきは研究活動に軍がほぼ口出ししなかったことだ。

つまり、軍事の範疇内であれば、議論や研究の自由が認められ、別部署の研究員との議論や意見交換も許された。その結果、発案した新技術の案や試作品を、好きなだけ軍に提示できたのである。

科学者個人の権利を尊重することで、能力を最大限に発揮させようというのがアメリカ軍の方針だ。軍人も科学者からの意見には積極的に耳を傾け、時には科学者が艦隊や戦地へ赴き、実戦でのデータを収集することすら許可したのである。

実戦でのデータや現場の意見を取り入れること

で、技術は実情に合うよう改良を加えられ、新兵器はより洗練された。艦隊指揮に革命をもたらした戦闘指揮所（ＣＩＣ）、敵機を早期に察知する各種高性能レーダー、対空戦闘をより有利に導いたＶＴ信管など、多くの技術が生み出されたのである。

科学者は自由に己のアイデアを形にし、軍人は彼らを尊重して意見を聞き入れる。こうした共生関係が、アメリカ軍の技術向上を促したのである。

一方の日本軍は、科学者を部署に閉じ込め、戦場を知る自らの意見が正しいと信じ、意見されると生意気だとして暴力を振るうことも多かったらしい。こんな環境では、斬新なアイデアが浮かぶわけがなかった。

◎部品・装備品規格の不統一

さらに、日本の兵器開発の欠陥として指摘されるのが、**「規格の不統一」**である。

大量の兵器を早く用意するには、部品や装備品の規格を統一することが求められる。しかし日本は、同じ零戦であっても、改良型なら機銃の口径がバラバラで、規格が統一されていなかった。当然、口径が違えば生産過程も異なるし、装てんされる弾丸も違ってくる。そのため、**製造、補給、整備に手間がかかってしまう**のだ。

一方のアメリカ軍は、１９３８年に軍用機に搭載される機関銃の統一化が図られ、一部例外はあったものの、その割合は生産数の約90％にまで及んだ。これにより、生産のスピードが増し、整備や補

日本軍の大型空母「加賀」。主力空母として真珠湾攻撃などに参加したが、改良前は戦艦だったこともあり、量産には向かなかった。

充も容易となったのだ。

◎空母も大型に固執

そしてもう一つ、日本海軍が**艦体の大きさに固執していた**ことも問題だった。

太平洋戦争が始まるまでは、巨大な艦砲を搭載した巨大な艦船で敵艦を撃破するという、いわゆる「大艦巨砲主義」の考え方が世界的に主力であった。しかし、真珠湾攻撃やマレー沖海戦で航空機の優位さが証明されると、海軍の主力は空母を主とした機動部隊となる。すると日本軍は、戦艦に代わる空母にも大きさを求めてしまったのだ。

空母が大きければそれだけ航空機を収納できるのだからむしろ当然ではないか、そう思った方もいるかもしれない。

確かに、大型空母を運用すれば一度に大量の戦力を投入できる。しかし、先述したとおり、兵器は大

日中戦争で活躍した「九六式艦上戦闘機」(九六式艦戦)。後継機として零戦が開発されたが、それ以降は予算や資源不足で実戦投入できる新型機は開発されなかった。

量に早く生産できなければ意味がない。

太平洋戦争中に投入された空母の数は、日本は25隻。それに対し、アメリカは120隻で、そのうちで大型空母は30隻に過ぎない。**つまりアメリカは、小型空母を大量に製造して数で勝負をした**のである。

大型空母ほどではないが、小型空母も航空機を搭載できるし、機動力がある。しかも、巡洋艦や商船の改良で製造できるため、**短期間での配備が可能**だ。

一方の日本軍は、あくまでも大型空母にこだわって製造に時間をかけた。大型艦である分、損害を受けると修理に時間がかかったし、沈没してしまえば、多くの乗員と航空機を失うリスクがあった。つまり効率を考えれば、大型艦と多くの小型艦で編成したアメリカの方が有利なのだ。

◎道具に対する国民性

このように、日本軍の兵器開発体制には、数多くの欠点がある。物資や労力もアメリカには勝てなかったが、生産体制にも大きな差があったのである。

日本人の気質として、職人技を尊び、道具に魂や思いを込める、というところがある。道具を丁寧に作り上げ、長く大切に扱う姿勢は美徳ともいえるだろう。

しかし、兵器となれば話は別で、性能に加えて数がものをいう。戦闘に用いるものなのだからダメージを受けるのは当然で、大事に扱うことに気をとられていると、命を落とすかもしれない。また、どんなに性能がよかったとしても、補充や補修がスムーズにできなければ、結局は戦争に勝てないのである。

九六式艦戦や零戦、伊四〇〇型潜水艦など、高性能の兵器を生み出す技術はあった日本だが、**生産性に対する意識が欠けていた**。

その点、アメリカは兵器を工業製品と割り切り、迅速な大量生産を重視。開発段階で、いかに早く、いかに簡単にという点も考慮していた。こうして見ると、日本人とアメリカ人の国民性の違いも、兵器開発に影響を与えていたといえるのかもしれない。

解明！

日本の兵器開発技術は高かったが、兵器を効率的に量産・整備する体制は整っていなかった

27 捕虜の扱いの謎

日本軍は人命を軽視していた？

◎あまりにも無謀な作戦の数々

戦争の専門家でなくても、その状況を聞くだけで「絶対に無理」と思うような無謀な作戦を乱発した太平洋戦争期の日本軍。なかでも「太平洋戦争で最も愚かな作戦」といわれたインパール作戦は、**開いた口がふさがらないほど悲惨**なものだった。

決行は１９４４年3月。インドの都市インパールを落とし、イギリスから中国の蔣介石《しょうかいせき》への軍事援助ルートを遮断することが目的だった。

この作戦には、当初から反対意見があった。インパールがジャングルに囲まれた自然の要塞で、攻略が困難だったこともあるが、**食料などの補給が難しかった**ことが最大の問題だった。

しかし、作戦の指揮官である牟田口廉也《むたぐちれんや》中将は功を焦り、作戦を断行。陸軍の約9万人もの兵士が動員されたのだった。

この作戦が「愚か」と言われるのは、今も昔も軍隊において最も重視すべき「補給」を完全に疎か

インパール作戦において象に乗って進軍する日本軍

にしたからだ。当初の予定では2週間でインパールを占領するはずで、兵士たちには2週間分の食料しか与えられていなかった。

けれど先述の通り、インパールは深いジャングルの果て。イギリス軍の予想外の抵抗もあり、行軍は遅れに遅れ、**食料が尽き始めてしまう**。食料が尽きた場合は、物資を運ばせていた牛や山羊、羊など3万頭もの家畜を食用にする計画だったが、川に流されたり、イギリス軍の空爆に驚いて逃げ去ったりしてほぼ全滅していた。

兵士たちは本部に補給支援を求めたが、返答は**「現地調達せよ」という極めてずさんなもの**。このような状況では戦えるはずもなく、さらにはインパール目前でイギリス軍の猛攻撃にあい、日本軍は総崩れになったのだ。

兵士たちは食料ももたずジャングルをさまよい安全圏をめざしたが、飢えやマラリア、イギリス軍の追撃によって3万5000人が戦死してしまったのである。

撤退のために兵士たちが歩いた道のりは、無数の死体が横たわっていたため**「白骨街道」**と呼ばれたほどだった。

◎なぜ降伏しなかったのか

戦争では国際法によって、投降して捕虜になれば身の安全が保証されることになっている。すなわち、日本兵たちも捕虜になっていれば命を捨てることはなかったのだが、根本的な問題があった。

明治・大正時代の日本軍は国際法を遵守する精神が強く、捕虜になることにも寛大だったし、敵軍の捕虜も丁重に扱った。けれど、昭和期に入ると徐々に**「捕虜＝恥」**という考え方が広がっていく。

そして、それを確固たるものにしたのが、1941年に東條英機陸軍大臣が下達した**「戦陣訓《せんじんくん》」**である。

これは日中戦争の長期化を受けて軍の風紀が乱れ、強姦や窃盗などの不祥事が多発したため、それを律するためのものだったが、こんな一文が含まれていた。

「生きて虜囚《りょしゅう》の辱めを受けず、死して罪禍《ざいか》の汚名を残すことなかれ」

つまり**捕虜として生き残って汚名をかぶるよりは、潔く死ね**、ということだ。

あくまで訓示であったが、その影響力は絶大で、軍内部はもちろん日本社会の意識まで変えてしまう。身内が捕虜になった家は非国民の扱いを受け、**村八分的な差別に遭う**こともあった。そのため、捕虜になった日本兵のなかには本国にバレないように偽名を使った者もいたという。

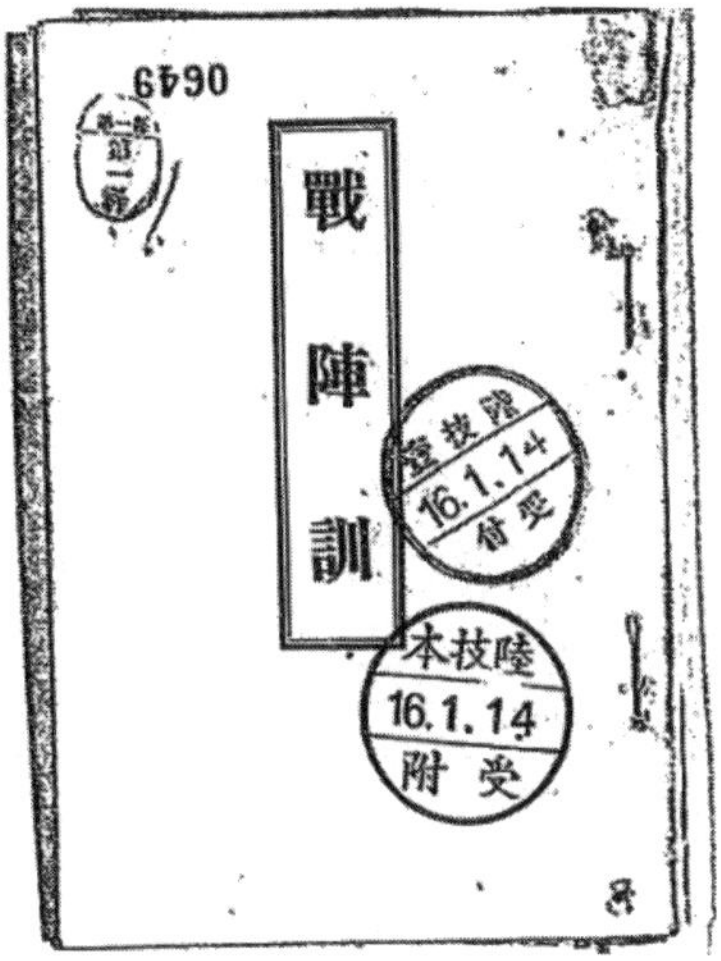

戦陣訓。手帳サイズに印刷されて全軍に示達されていたとされる。東條英機陸軍大臣（示達当時）が主導したという説が有力だが、その前任者の時期から制作されていたという指摘もある。

戦陣訓によって、戦って死ぬことは〝美談〟に、捕虜になることは〝恥〟となり、死ななくてもいい大勢の日本兵が命を落としたのである。

ただし、捕虜になる意志があっても、無事に捕虜になれたかどうかはわからない。**明らかに戦闘不能な状態の日本兵を、連合軍が殺害していた**という証言が複数残されている。

たとえば、1943年のタイム誌の報道によれば、ラバウルからニューギニアに向かっていた日本の輸送船や駆逐艦《くちくかん》を撃沈したアメリカ軍は、その後、救命ボートで漂っていた3000名近くの日本兵を機銃掃射《きじゅうそうしゃ》で殺害したという。

まさしく日本兵にとって、戦争は勝つか死ぬかの二択だったのである。

◎敵国の捕虜の扱いは？

このような意識からか、昭和期の日本軍の敵軍捕

フィリピンのバターン半島で日本軍に囲まれて降伏するアメリカ兵たち

虜への扱いも劣悪だったといわれる。第二次世界大戦のアメリカ人捕虜の死亡率を地域別にまとめたアメリカの資料によると、ユダヤ人の虐殺で悪名高いドイツは1・2％であるのに対し、日本は37・3％に及んだという。

そうした日本軍の敵軍捕虜への扱いの酷さを象徴する事件が**「バターン死の行進」**である。

1941年12月、日本軍はアメリカ・フィリピン軍のフィリピン・ルソン島の基地へ進撃。苦戦の果てに敵要塞を陥落させ、敵軍をフィリピンのバターン半島に追い込むことに成功した。

翌年4月には敵軍を降伏させたのだが、問題はこの後だった。捕虜として投降してきた将兵はなんと7万人以上にも及んだのだ。

物資はまったく足りず、内陸の収容所まで移送することが決まる。これが悲劇の始まりだった。

収容所までの道のりは最長で120キロほどだ

が、大部分は徒歩で移動させるほかなかった。炎天下のジャングルでの移動は4日間におよび、満足な食事を与えられなかった捕虜たちは**栄養失調や過労、伝染病で次々と死亡**していく。また、本部からの命令によって一部の部隊が捕虜を殺害し、**最終的には1万人以上の捕虜が命を落とした**のである。

アメリカはこの一件を「バターン死の行進」と呼び、意図的な虐殺行為であるとして、終戦後の軍事裁判では司令官だった本間雅晴《ほんままさはる》中将を銃殺刑に処している。

しかし、本当に本間に捕虜虐待の意図はあったのだろうか？　そもそも収容所に移送しなければ捕虜たちはその場で野垂れ死にすることになり、より多くの死者が出た可能性が指摘されている。

さらに、残り少ない食料を捕虜に分け与えたため、**日本兵も捕虜と同様の食事をとっていた**ほか、味噌汁などを気持ち悪いといって飲まない捕虜もいて、栄養失調に拍車をかけたという。捕虜殺害命令にしても、そんな非道は行えないと無視を決め込んだ部隊も少なくない。

しかし結果的には、「捕虜となるなら死を選ぶ」という日本軍の価値観が、味方の命を奪うだけでなく、戦意を失った敵兵の命までをも奪ってしまったのは事実だろう。

解明！

捕虜となることを許さない価値観のせいで、兵は投降できずに死を選び、投降する敵兵も苦しんだ

28 特攻の謎

特攻は戦果の低い作戦だった？

◎狂気の作戦はなぜ生まれた？

「零戦に250キロ爆弾を抱かせて体当たり攻撃を行うほかない」

1944年10月19日、悪名高き「特攻」作戦は、日本海軍第一航空艦隊司令長官・大西瀧治郎《おおにしたきじろう》中将の一言で産声をあげたといわれる。

太平洋戦争開戦当初、破竹の快進撃を続けていた日本軍だが、ミッドウェー海戦の大敗以降は劣勢に転じ、大西が指揮を執るフィリピン・レイテ島も陥落の寸前にあった。

レイテ島が奪われれば日本本土と南方占領地域を結ぶ補給路が断たれ、正真正銘、敗戦が確定してしまう。**状況を打破するにはこれまでにない〝神懸かり〟的な作戦が必要**とされたのだ。

同年10月25日、レイテ島を24名の若者たちが飛び立った。「神風特別攻撃隊《しんぷうとくべつこうげきたい》」、あの神風特攻隊の初めての出撃だった。沖縄戦の悲劇がよく知られているが、**レイテ島がすべての始まりだった**のだ。

この攻撃によってアメリカ軍空母1隻が撃沈、ほか5隻が破損。特攻を目の当たりにしたアメリカ

レイテ島で神風特攻隊の特攻によって沈没するセント・ロー（画像引用元：『歴史人 太平洋戦争の「特攻」の真実』）

軍では戦意を喪失する兵士が続出し、恐怖からノイローゼに陥る者もいた。

このレイテ島での戦果を受け、以後、特攻は日本軍の中心的戦術になっていく。だが、特攻は最終的にはどれほどの戦果をあげたのだろう。

日本海軍は終戦までに２１４９機の特攻機を投入したが、米軍の発表によると沈没48隻、損傷３１０隻と戦争全体で見れば微々たるもの。その命中率は18・６％と惨憺《さんたん》たるものだった。

特攻をより悲劇的にするのは、太平洋戦争初戦の魚雷命中率約40％という数字である。**命をかけての“最終手段”の戦果は、通常攻撃よりもはるかに低かった**のだ。

◎大本営は特攻に反対だった？

ほとんど効果がない特攻を終戦まで続けたことから、日本軍は「狂気の軍隊」のレッテルを貼られる

人間魚雷「回天」。エンジンからのガス漏れで乗組員が中毒を起こすなど、多くの問題を抱えていた。

ことがある。なぜ特攻は続いたのか。

意外なことに、特攻が発案された当初、**軍の上層部は反対**していた。

大西から特攻作戦の発案を受けた及川《おいかわ》古志郎《こしろう》軍令部総長は「了解するが、しかし命令はしてくれるな」と語っている。

大西自身も、特攻が大日本帝国を勝利に導くとは考えていなかった。大西はある参謀長に「(特攻でフィリピンを防衛できる)見込みは九分九厘ない。特攻の報告を耳にした天皇陛下は必ず『戦争をやめろ』と仰せられる。そうなれば皆従わざるを得ない」(要約)と語っている。

大西にとって特攻は戦争の傷を最小限にするための苦肉の策だったのだ。

しかし、特攻の事実は天皇の耳に入ったが、大西が期待した**「戦争をやめろ」といった言葉はなかった**といわれる。

そもそも昭和天皇は立憲君主という立場をとっており、政治や軍事に介入する言動はどのような形でも行うことがなかったのだ。

結局大西は、特攻の継続を決断した。

このような背景から「特攻の父」と呼ばれる大西だが、彼の発案以前から特攻兵器「桜花《おうか》」（グライダー式人間爆弾）や「回天《かいてん》」（人間魚雷）の開発と訓練が始まっており、特攻を推進する軍人はほかにも存在した。

大西はたまたま最初の命令を下しただけであり、**特攻は時代と暴走した軍部という大きな流れによって引き起こされた悲劇**だったのである。

◎特攻兵器の劣悪な性能とは？

特攻が盛んになると、さまざまな特攻兵器が開発されていく。

生還を前提としない特攻兵器は、その構造自体が狂っていた。なかでも最悪と称されるのが「キ115」、通称「剣《つるぎ》」である。陸軍が開発したこの航空機は**胴体がブリキ、驚くべきことに尾翼は木でつくられていた**。操縦性は劣悪で、テストパイロットは「これを本当に実戦で使う気か！」と激怒したという。さらに離陸すると車輪は分離する仕組み。乗ったら最期、まさに〝空飛ぶ棺桶〟だった。

しかし、開発者曰く「剣は特攻機ではない」という。彼らの言い分では、剣は資材不足に対応した爆撃機であり、着陸の際は海上などに**胴体着陸**するのだという。だが、ブリキと木で構成された航空

学徒報国隊に見送られながら沖縄戦に向かう特攻隊員たち（画像引用元：『週刊日録20世紀 1944』）

機が胴体着陸など行えば、文字通り海の藻屑《もくず》になってしまうことは想像に難くない。

結局、剣は約100機が生産されたが、幸運なことに実戦投入される前に終戦を迎えた。

この剣以上に劣悪な航空機が**「タ号特殊攻撃機」**である。**全て木製**、最高時速はたった180キロという耳を疑うような機体だ。幸いにも、こちらも実戦投入前に戦争が終結した。

一方、残念ながら実戦投入された特攻兵器もある。**人間魚雷「回天」**はその代表だ。魚雷に人間が乗り込み、操縦することで命中率の向上をめざしたこの兵器は1550キロの爆薬を搭載し、一撃で戦艦をも撃沈できる破壊力を有したという。

だが、アメリカ軍の優れた対潜兵器の前に成功率は低く、終戦までに約150隻が出撃したものの撃沈した敵艦は3隻。空母などの大型の艦艇に被害を与えることはなかった。

回天は非常に操縦が難しく、目標に辿りつけないことも多かったという。しかし、脱出装置はなく、**一度出撃すれば攻撃の成否にかかわらず乗員の命はなかった。**

◎特攻隊員の思いとは？

こうした常軌を逸した兵器に搭乗し、犠牲になった兵士は陸海軍合計で推定約6000人。その大半は予備学生や少年航空兵で、兵器の操縦を覚えたばかりの20歳前後の若者だった。

公的には志願したことになっているが、実情は違う。**上官の圧力で強制されたり、勝手に特攻隊に組み入れられたりするケースが多かった。**また回天の隊員募集文書には「その性質上、特に危険を伴う」とだけ記され、特攻兵器と知らずに志願した若者もいたという。そんな彼らの多くが、最終的には任務にあたり、太平洋の空と海に散っていった。

結局、特攻は成果を上げることができなかった。にもかかわらず、無責任な日本軍の体質のせいで、若い兵士の命が奪われ続けたのである。

解明！

戦果を挙げられなかったにもかかわらず、日本軍の無責任な体質のせいで特攻は続けられた

29 原爆投下の謎

原爆は人体実験のために投下された？

◎死者数十万人の地獄絵図

1945年8月6日、広島。この日、人類の歴史上で初めて**原子爆弾**が使用された。

アメリカ軍のB29爆撃機「エノラ・ゲイ」から投下された原爆「リトルボーイ」は、上空600メートルで炸裂。爆心地から約5キロの場所でこの爆発を目撃した証言は、想像を絶する。

「ピカっと強烈に光った物体が、満月くらいの大きさで透明なオレンジ色、そのまわりに輝く光の輪が次々と八つほどできた。輪が地上に接した瞬間、大きな火柱が立ち上る、それを中心に火災が広がると見た瞬間、光る物体は消え去った。そして爆発音が響き、熱風が襲ってきた」

犠牲者は約14万人（誤差1万人）にのぼり、その後、原爆症によって約6万人が亡くなった。

そして9日には長崎に原爆「ファットマン」が投下される。爆発の犠牲者は約7万人（諸説あり）、原爆症で約3万人が亡くなった。

アメリカが原爆を投下した理由は、戦争を継続しようとする日本の意志をくじいて降伏に導くこと

広島を襲った原爆。建築物の大半を一瞬にして破壊した。爆心地は、キノコ雲と爆風による粉塵で太陽光が遮断され、投下直後は暗闇に包まれたという証言もある。

で、**自軍の兵士たちをこれ以上死なせない**ためだったといわれる。

また、**ソ連を牽制し、終戦後の主導権を握る**ためだったともいわれる。

しかし、それがすべてだったのだろうか？

◎原爆投下は実験だった？

広島型原爆「リトルボーイ」と長崎型原爆「ファットマン」のメカニズムが全く異なるものだったことは、あまり知られていない。

リトルボーイはウラン235を使用したシンプルな構造のもの。一方でファットマンはプルトニウム239を使用した「圧縮爆発型」で、設計から製造まで高い技術力が必要となる。

広島と長崎の原爆は、**2種類の原爆の破壊力を検証する人体実験だったという説がある**のだ。

アメリカが原爆開発に着手する発端となったの

は、ユダヤ人物理学者レオ・シラードが大統領に送った手紙である。それはナチス・ドイツが原爆開発を始めたことを警告する内容だった。

当初は関心を示さなかったアメリカだが、次第に原爆の完成が現実味を帯びてくると焦りを覚え、1942年10月、原爆開発に乗り出した。これが、かの**マンハッタン計画**である。3年間で5万人の科学者と技術者が投入され、1945年7月16日、とうとう国内で最初の爆発実験に成功する。そして、リトルボーイとファットマンというふたつの原爆が完成した。

ところが仮想敵のドイツはすでに降伏しており、**日本も沖縄が陥落し、間もなく降伏することは目に見えていた**。それでもアメリカは、実験成功からたったの3週間で、広島に原爆を投下するのである。

当時、ソ連が日本へ宣戦布告することが決定しており、そうなれば日本が降伏する可能性がさらに高くなる。実験成功から投下までが異例なほど短期間だったこと。これこそ、**敵国が存在するうちに原爆を実戦で試しておきたかった**、という説が囁かれる理由なのだ。

事実、計画に参加していた科学者ジェイムス・フランクは、砂漠か無人島でその威力を各国に示すことで戦争終結の目的が果たせるというレポートを提出しているが、アメリカ政府は無視している。

ともあれ、原爆の脅威を目にした日本はポツダム宣言を受諾し、降伏を決定したのだった。

◎日本にもあった原爆開発計画

原爆投下は歴史上最悪の残虐行為の一つだ。けれど、もしかしたら日本も原爆を使用していた可能

日本の原爆開発の中心的役割を果たした仁科芳雄博士。日本の現代物理学の父とも呼ばれ、日本初のノーベル賞受賞者である、湯川秀樹にも影響を与えたといわれる。

性があった。太平洋戦争中、**日本にも原爆開発計画が存在した**のだ。

日本陸軍は１９４１年から、日本の現代物理学の父と呼ばれる仁科芳雄《にしなよしお》の主導のもと「二号研究」を、海軍も同年から京都大学の荒勝文策《あらかつぶんさく》に依頼し「Ｆ号研究」をスタートさせている。

二つの主な違いは、天然ウランからウラン２３５を分離・濃縮する方法で、前者は「熱拡散法」、後者は「遠心分離法」を採用していた。

ただ、実現には障害があった。最大の問題は、日本の国土や植民地からは天然ウランがほとんど産出されなかったことだ。ウラン２３５は天然ウランに０・７％しか含まれていない。実験から実用化までを考えれば、膨大な量の天然ウランが必要だった。

そこで日本はナチス・ドイツの手を借りる。

１９４５年３月末、ドイツから日本に向けて潜水艦が出港した。積み荷は、５６０キロもの「ピッチ

原爆によって破壊された長崎の浦上天主堂。1959年に再建され、現在は長崎の観光名所になっている。

ブレンド」と呼ばれる酸化ウランだった。

しかし、運命とは数奇なもので、同年5月、潜水艦が日本に到着する前にドイツは降伏。潜水艦も連合軍に投降してしまう。

やがて同年6月に「ニ号研究」の中止が、7月には「F号研究」の中止が決定し、**日本の原爆開発計画は幕を閉じた**のである。

けれど、ドイツからウランが運び込まれていても、原爆開発の成功は難しかったといわれる。

560キロの酸化ウランからは、ウラン235は3キロしか採れなかった。これでは実用化にはまるで足りない。また、「ニ号研究」が採用していた「熱拡散法」では、兵器利用できる濃度のウランを得るのに**100年近くの時間がかかる**という。

そもそも日本が原爆開発に投じた予算は約600万円（当時）。一方、アメリカはというと約20億ドル（当時）。とても**同じ研究をしているとは**

思えないほど予算に開きがあったのである。

◎消えた長崎の〝原爆ドーム〟

ところで、原爆の悲惨さを伝える遺構として広島に原爆ドームが残されているが、長崎にも同様の建物が存在したことをご存知だろうか。

それが**浦上天主堂**《うらかみてんしゅどう》というカトリック教会だ。原爆によって教会は一瞬で廃墟と化し、なかにいた神父や信者は全員死亡。その後、原爆ドームと同様に保存が検討されていたが、1958年に撤去された。

当時の市長が日米関係を考慮したといわれているが、**アメリカからの圧力があったのではないか**とまことしやかに囁かれている。キリスト教徒が多いアメリカにとって、信仰の象徴である教会に原爆を落としたという事実は、国民の反感を買うには十分な出来事だった。問題になる前に、そのような〝汚点〟を消し去ろうと考えたとしても不自然な話ではない。しかし、たとえ痕跡を消したとしても、アメリカが原爆によって罪のない市民の命を奪った事実は変わらないのである。

解明！

降伏間近の日本にアメリカが原爆を投下したのは、原爆の威力を調べるためだった可能性がある

30 宮城事件の謎

玉音放送阻止を狙うクーデターが起きた？

◎ポツダム宣言の受諾が決定

1945年8月は、相次ぐ本土への空襲と広島への原子爆弾投下、そしてソ連の対日戦参戦など、日本が揺らぐような出来事が立て続けに起きた。

こうした事態を受け、戦争継続が不可能だと判断した鈴木貫太郎首相は、**ポツダム宣言**の受諾を決心する。そして、8月9日午前11時ごろ、最高戦争指導会議が開かれることになった。会議に参加したのは、鈴木首相の他、東郷茂徳外相、米内《よない》光政海相、阿南惟幾《あなみこれちか》陸相、梅津美治郎《よしじろう》参謀総長、豊田副《そえ》武《む》軍令部総長の6名だった。

会議が始まって間もなく、長崎への原爆投下が伝えられた。この報も当然皆の判断に影響を与えたのだろう。6人が6人とも、ポツダム宣言の受諾に賛同する運びとなった。

しかし、「国体の護持」のみを条件とする鈴木、東郷、米内に対し、「武装解除は日本人の手で行う」などの3条件をつけるべきだとした阿南、梅津、豊田は対立してしまう。

日本がポツダム宣言を受諾したことを発表するトルーマン米大統領

結局、会議は膠着状態となり、最終的には「天皇陛下の御聖断」を仰ぐことで決着をつけることとなった。

◎下された御聖断

この会議が行われた同日の午後11時30分、宮中の地下壕で天皇が参加する御前会議が開かれた。そして昭和天皇は、国体護持のみを条件とする東郷の意見を支持した。

その後、議論は一時紛糾したものの、8月14日に再び御前会議が開かれ、昭和天皇が「わが身はどうなろうとも万民の命を助けたい」と発言したため、ポツダムを受諾することが改めて決定した。

そして、翌日の8月15日、「終戦の詔勅《しょうちょく》」、いわゆる「玉音《ぎょくおん》放送」が全国に向けて流されることになったのだが、**実はこの玉音放送を阻止しようとする動きがあった**のである。

◎玉音盤奪取計画

昭和天皇がポツダム宣言を受け入れる決断を下し、日本の降伏が決まっても、軍部、特に陸軍内では徹底抗戦を叫ぶ声が多かった。そうした抗戦派の一部の将校がクーデターを起こしたのである。それが**「宮城《きゅうじょう》事件」**だ。

まず、阿南陸相の義弟に当たる竹下正彦中佐らが、陸軍を挙げたクーデターを計画。8月13日に阿南へ決起を迫ったが、梅津参謀長などの同意を得られず失敗に終わってしまう。加えて翌日14日には、昭和天皇によってポツダム宣言を受諾するという御聖断も下ったため、陸軍幕僚もクーデター決行の意志を失った。

だが、そんな状況であっても、クーデターを諦めきれなかった仕官がいた。**畑中健二《はたなかけんじ》少佐**だ。

畑中は14日の夜半から15日の未明にかけて、椎崎《しいざき》二郎中佐、井田正孝中佐を仲間に引き入れ、近衛《このえ》師団司令部に乱入した。**近衛師団の力を借りて玉音放送の録音盤を奪取し、戦争を継続へ導くという計画**を実行に移そうとしたのである。

畑中たちは、約1時間をかけて森赳《たけし》近衛師団長を説得した。森はクーデター参加を拒否したものの、畑中が一旦席を外している間に、井田が同意を取りつけることに成功した。

だが、戻ってきた畑中は、自分たちに同調しなかったとして森に発砲。さらに他の尉官に斬りつけられ、森は死亡した。

その後、畑中ら反乱グループは「皇居の守護を固め、放送局も占拠せよ」という偽の師団命令を出

宮城事件の首謀者の一人である畑中健二少佐（左）と、畑中に殺害された近衛師団長・森赳（右）

すと、これに従った近衛兵たちが皇居のすべての門を閉鎖。さらに反乱グループは宮内省をも占拠し、日本放送協会（ＮＨＫ）の放送会館の占拠にも成功した。

しかし、反乱グループの思惑は外れた。玉音放送を録音したレコード**「玉音盤」**を探したが、なかなか見つけだすことができない。

加えて、日本放送協会を占拠した反乱グループがクーデターの趣旨を国民に訴えようとしていたのだが、アナウンサーが「放送するには東部軍の許可が必要」という理由でこれを拒否したせいで、放送はできなかった。

結局、15日の朝に東部軍管区司令官によって近衛連隊の解散が命じられ、宮城事件は失敗に終わったのである。

これら一連の事件についての報告を受けた昭和天皇は、「自らが兵の前に出向いて諭そう」と発言し

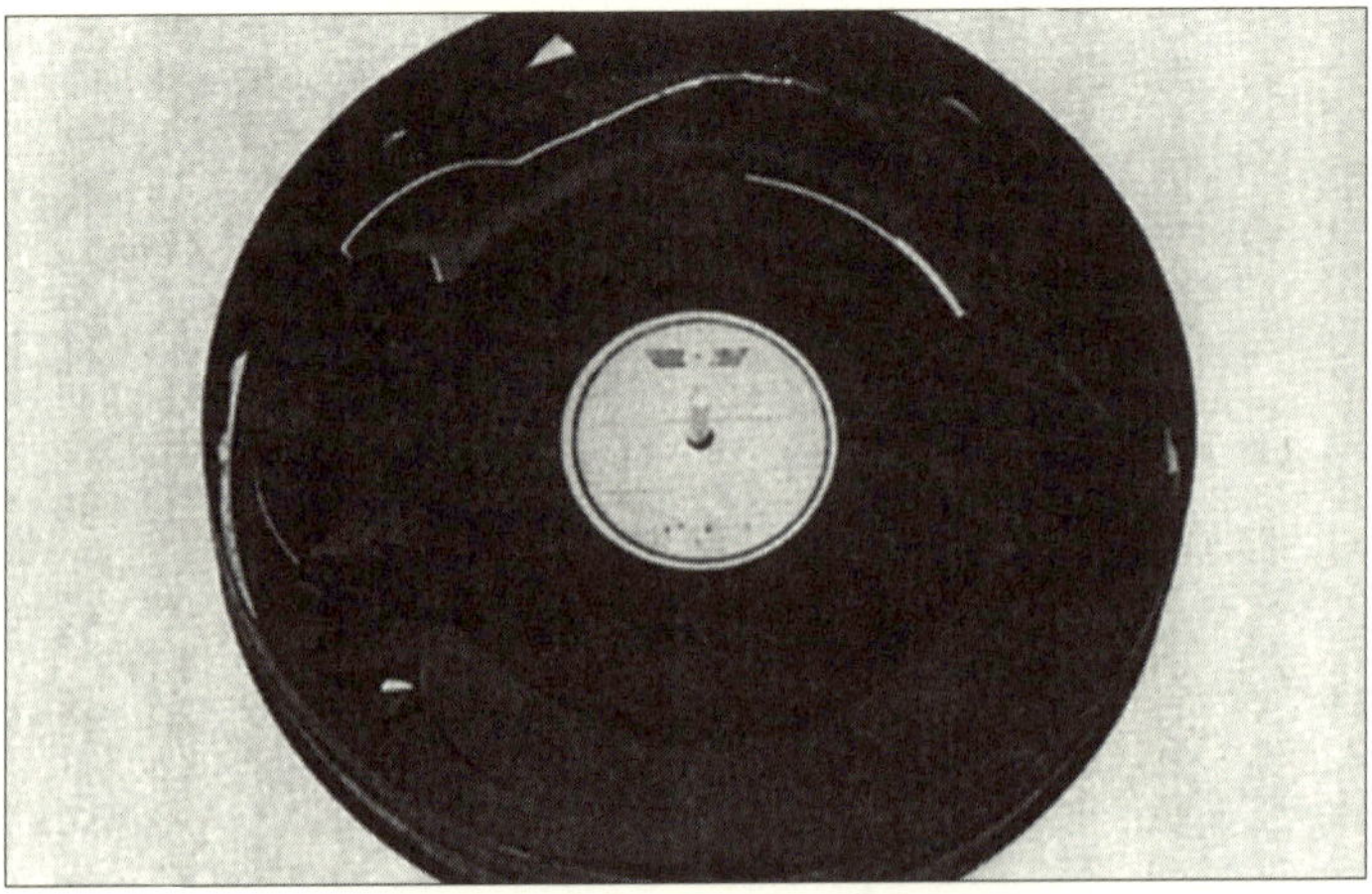

「玉音盤」の原盤（画像引用元：「玉音放送」）

たといわれている。

陸軍大臣の阿南は「本夜のお詫びも一緒にする」といい、「一死以って大罪を謝し奉る」の遺書を残して自刃した。

そして、事件の当事者である畑中と椎崎は、玉音放送が流れる前に二重橋と坂下門の間の芝生でピストルで自決。井田も自決の決心を固めていたが、それを予見していた将校に止められ、断念することとなった。

◎侍従とアナウンサーの機転

玉音盤が反乱グループに見つからなかったのは、侍従の**徳川義寛**《よしひろ》の機転のおかげだった。

徳川は録音盤を皇后事務官室の金庫に納め、万が一クーデターが起きても玉音盤を奪われないよう、保管した皇后宮職事務官室に、「女官寝室」という札をかけておいたのだ。結果として、その機転は功を奏した。

また、反乱グループに占拠された放送会館にいた**舘野守男《たてのもりお》**アナウンサーも、クーデターの阻止に一役買っていた。実は、舘野が反乱グループに告げた「東部軍の許可が必要」という言葉は、咄嗟に思いついた嘘だったといわれているのである。

なお余談だが、この舘野守男アナウンサーは、１９４１年12月8日に開戦勅書を読み上げた人物でもあった。

クーデター失敗の後、2枚存在していた玉音盤は、放送会館と第一生命館に設けられていた予備スタジオへ運搬された。このときも、玉音盤が奪われないよう正式な勅使に見立てた偽物を用意し、その裏で、玉音盤は粗末な袋に入れられて木炭自動車で運ばれている。

そして8月15日の正午、ラジオから「君が代」が流れ、玉音放送は予定通り行われた。

こうして、戦争の終わりを告げる放送は無事に国民の耳に届き、日本はＧＨＱによる占領政策のもとで大きく変わることになった。

解明！

降伏が決まった後、抗戦派の陸軍将兵たちが玉音放送を阻止しようとクーデターを起こしていた

31 終戦の謎 日本人は終戦をどのように受け入れた？

◎1945年8月15日

「耐え難きを耐え、忍び難きを忍び……」

1945年8月15日正午、ラジオから流れる**「玉音放送」**を聞き、国民は戦争の終わりを知ることとなる。長きにわたる戦争が終わったこのとき、日本人たちは、一体何を考え、その事実をどのように受け入れたのだろうか。

政府は各新聞社に対し、ポツダム宣言の受諾を事前に知らせ、8月15日の朝刊は、玉音放送終了後の午後1時から配るよう要請した。各紙1面では、ポツダム宣言の受諾と日本が降伏した事実が報じられ、さらに、玉音放送で天皇陛下が読んだ「終戦の詔書」も掲載された。

一部には、玉音放送は本土決戦に備えて敵を欺くための工作活動だと信じていた者もいたようだが、そういう人たちも、届いた新聞を見て、日本の敗北は事実なのだと知ったのである。

では、玉音放送を聞いて、あるいは新聞を読んで、国民はどのような反応を見せたのか。

1945年8月15日正午、玉音放送を聞いて泣き崩れる人々。大部分の国民にとって天皇の声を耳にする初めての機会でもあった。（画像引用元：『週刊日録20世紀1944』）

◎国民は何を思ったか

軍国主義に染まっていたとはいえ、この頃は各地で空襲被害が相次いでもいたため、国民は疲れきっていた。そのため、悔し涙を流す者、ようやく終わったとホッとする者、あるいは皇居前広場に行き天皇に対して敗戦を土下座で詫びる者など、反応はさまざまだった。

ただし、基本的にはどこも大騒ぎになることはなかったようだ。小説家の高見順《たかみじゅん》は、この日の日記で次のような記述を残している。

今君と事務所を出る。田村町で東京新聞を買った。今日は大型である。初めて見る今日の新聞である。

戦争終結の聖断・大詔渙発さる

新聞売場ではどこもえんえんたる行列だ。

その行列自体は何か昂奮を示していたが、昂奮した言動を示す者は一人もいない。黙々としている。兵隊や将校も、黙々として新聞を買っている。

（「敗戦日記」高見順著／中公文庫より）

この日記からもうかがえるが、この日、多くの国民が抱いたのは**「虚無感」**ではないだろうか。終戦により、空襲の恐怖からは逃れられるが、日本が敗れたということは、これまでの苦労や犠牲が水の泡になってしまうということでもある。

とはいえ、終戦から1週間も過ぎると、灯火管制の段階的解除や戦時統制の撤廃が行われ、また、物資不足によるインフレの加速などといった問題も表面化し始めた。そして、このような現実を前に、国民は放心を続けることもできず、否応なく新たな日々と向き合わねばならなくなったのだ。

◎軍人たちの動向

一方、終戦後の軍人たちはというと、将校を中心に、責任を取るためのある行動が散見された。

終戦直後の新聞報道の内容は、大きく三つに分類される。一つは敗戦後の日本政府の動向、一つは戦後世界の国際情勢、そして最後の一つが、**日本陸海軍将校の自決報道**だ。

具体的には、8月15日の未明に陸軍大臣の阿南惟幾《あなみこれちか》大将が、16日には大西瀧治郎《おおにしたきじろう》海軍中将が自決。この2人は共に割腹自決だった。さらに、9月12日には杉山元《すぎやまはじめ》元帥陸軍大将がピストル自決を決行

大西軍令部次長自刃
"死"を以て特攻の英霊に
海軍省公表（八月十七日十六時）
神風隊生みの親
わが航空戦史に
遺書

「神風特別攻撃隊」の創設者でもあった大西瀧治郎中将の自決を報じる記事（読売報知1945/8/18）

している。

その一方、敗戦を受け入れられない軍人たちもおり、各地でいくつかの事件が見られた。

196ページで紹介したとおり、玉音放送の前には、クーデター未遂事件「宮城事件」が起きたが、玉音放送後にも、神奈川県の厚木基地で**「厚木航空隊事件」**という事件が起きている。

これは、小園安名《こぞのやすな》大佐をはじめとする厚木基地の第302海軍航空隊が反乱軍化したもので、**戦闘機から徹底抗戦を主張するビラを撒く**などした。

反乱軍は、米内光政海軍大臣らの説得にも応じず厚木基地の占拠を続けたため、一時は武力での鎮圧も検討された。

だが、その後小園はマラリアにかかり入院。反乱軍の勢いは落ち、8月21日までに騒ぎは収まった。

そして、これ以降大きな反乱が起きることはなかった。

銀座で歩哨に立つ占領軍の兵士たち。日本が独立するまでアメリカ兵による強姦事件や暴行事件が頻繁に起きた。（画像引用元：「一億人の昭和史５占領から講和へ」）

◎占領軍と日本人

厚木航空隊事件の終結から9日後の8月30日、この基地にある人物が降り立った。

連合国軍最高司令官総司令部（ＧＨＱ）最高司令官**ダグラス・マッカーサー**である。

到着後、マッカーサーと占領軍関係者約１３００人は、宿泊先である横浜のホテルニューグランドへ車で向かったのだが、この際、彼らは奇妙な光景を見ることになる。

ホテルへ続く道路の両脇には、臨時の憲兵として約３万人の日本兵が立っていたのだが、**彼らは皆、道路に背を向けていた**のだ。

しかし、別に敵意を示していたわけではない。これは天皇の警備と同じ方法だ。つまり日本軍は、**敗戦を受け入れたことを示し、天皇と同じ警備態勢を敷いて、マッカーサー一行に敬意を表した**のである。

一方で、占領軍の上陸に不安を募らせる国民は少なくなかった。「鬼畜米英」と喧伝されていた敵が来るのだから、当然だろう。

実際、占領軍の駐屯地があった千葉県館山市では、住民に対して市長が直々に駐屯地へ近づかぬよう促したし、神奈川県では都市部に住む女性と子供が疎開を奨励された。一般女性がアメリカ兵に強姦されるのを怖れての処置だった。

こうした不安を取り除くため、日本政府は**「特殊慰安施設協会（ＲＡＡ）」を設立し、公設の売春施設を設けた**。しかし、それでも**アメリカ兵たちによる強姦事件は多発し**、民家や開業前の慰安所に乗り込んで女性たちを暴行するケースなどが多々見られた。1946年3月には、性病の蔓延を防ぐ目的で公設の慰安所は閉鎖されることとなったが、そうなると今度は占領軍相手に身を売る「パンパン」と呼ばれる私娼が現れ始めた。

アメリカ軍の占領は、講和条約が発効する1952年4月まで続いた。この間、**占領軍から殺害された日本人は2536人、傷害を受けたのが3012人**という資料もある。日本人にとってはまだまだ混乱の多い時期だったに違いない。

解明！

日本の敗戦に国民は戸惑い、軍人の決起に混乱したが、生活のために現実と向き合うようになった

32 戦後の日本軍の謎

日本軍の伝統が受け継がれた組織とは？

◎朝鮮戦争の勃発

終戦によって、日本は大きく変化した。ＧＨＱによって戦争指導者は弾劾され、矢継ぎ早に政治改革が実行された。そうした改革の中でも、真っ先に行われたのが**日本軍の解体**だ。国内の残存部隊すべてが武装解除を強いられ、航空機はテスト用の機体を除いたほとんどの機体が焼却処分となった。そして、「戦争放棄」を唱えた憲法第９条に従い、数々の激闘を戦い抜いたアジア最初の国軍・日本軍は完全に消滅することとなったのである。

ところが、その数年後には日本で**事実上の再軍備が始まる**ことになる。その背景には、朝鮮戦争の勃発があった。

１９５０年６月、連合国によって分断された朝鮮半島の統一を目指し、北朝鮮軍が南下した。これにより、軍事的に劣勢だった韓国軍が壊滅すると、アメリカは戦争への介入を決断し、日本の進駐アメリカ軍からもかなりの部隊が動員されることになった。

GHQのトップ・マッカーサー（左）と昭和天皇（右）。GHQは日本を軍国主義から転換させるため、日本軍の解体に真っ先に着手した。

この決定に、GHQのトップだったマッカーサーは頭を悩ませた。進駐軍の兵力が朝鮮半島に送られてしまえば、日本の防衛は難しくなるからだ。

マッカーサーは日本の再軍備に反対していたが、こうした状況下では考えを改めざるをえないと判断。アメリカ本土からの「日本再軍備案」を受け入れ、日本に対して進駐軍と同規模の**「ナショナル・ポリス・リザーブ」設立を命じたのである**。この命令こそが、日本再軍備の第一歩となったのだ。

◎自衛隊の誕生

1950年、マッカーサーの命令によって「警察予備隊」が発足した。隊員数は約7万5000人。名称に「警察」と入っているものの、れっきとした陸上武装組織だった。

ただ、隊員は日本人であるものの、装備はアメリカの「お下がり」が与えられたし、旧日本軍の将校は徹底的に排除され、組織の中枢はアメリカの軍事顧問団が担っていた。

警察予備隊とは、いわば進駐アメリカ軍の末端組織でしかなかったのである。

しかし、こうしたアメリカ依存体制も長くは続かなかった。アメリカとソ連のイデオロギー対立が深刻化すると、日本はアメリカ陣営の一員としてソ連の脅威に立ち向うことを期待され、防衛組織の整備を迫られたのである。

1952年に日米安保条約が発効すると、日本は同年10月に警察予備隊を改編した「保安隊」を設立。旧日本軍将校も採用し、組織力を向上させた。

一方、海では、日本独立に合わせて設置されていた「海上警備隊」が52年の8月に独立して「警備隊」と名称を変更。保安隊共々総理府の外局として創設された「保安庁」の管轄下に入ることになる。

そして、1954年6月の防衛庁設置法と自衛隊法の施行によって、**陸上・海上・航空の3隊で構成された「自衛隊」が誕生**したのである。

◎軍隊ではなく防衛組織

こうして日本は再軍備を果たし、自衛隊は日本各地に配備された。多数の隊員と兵器を有していることから、端から見ると自衛隊は軍隊そのものだ。しかし、日本は憲法で侵略戦争を放棄しているため、**「軍隊」ではなく「防衛組織」**として位置づけられている。

自衛隊の兵器や活動範囲は、法律や国会審議によって細かく規定されている。そのため、空母や爆

バズーカの訓練にはげむ警察予備隊隊員たち

撃機などの攻撃兵器は一切保有できない。発足当初はGHQの禁止令によって兵器開発能力が低下したため、兵器の多くはアメリカのライセンス品で占められていた。最近は国産兵器が増えているが、弾道ミサイルのような攻撃兵器を製造していないし、輸入してもいない。

しかも、自衛隊が活動するには防衛大臣や内閣総理大臣の許可が必要で、**文民統制が戦前とは比べものにならないほど徹底されている**。

このように、日本は再軍備を果たしたとはいえ、日本軍と自衛隊のあり方には大きな違いがある。外征を想定した装備を持ち、多くの兵器が国産だった日本軍と比べると、自衛隊はまったく別の組織だといっていい。

それでも自衛隊には、厳しい訓練を積み、実戦を経験した日本軍の将校が多数参加している。そのため、新しい理念を基礎にしつつも、日本軍が培って

1954年6月、自衛隊の発足に向けて行われた「服務宣誓式」の様子（画像引用元：「日本の防衛（平成16年版）」）

きた伝統も受け継いでいるのである。

◎色濃く残る海軍の伝統

もっとも典型的なのは、**規律の高さ**である。陸軍士官学校や海軍兵学校などで学んだ尉官のもと、日本軍兵士たちは統率的な行動をとった。日清戦争や日露戦争の勝利は、日本軍が統率の取れた近代的な軍隊として機能したからこそもたらされた。日中戦争や太平洋戦争では捕虜に対する扱いで問題もあったが、作戦遂行能力は他国と比べてもトップレベルにあった。

ただ、意外かもしれないが、**陸上自衛隊には旧陸軍の伝統は規律の高さを除けばあまり残っていない**ようである。

陸上自衛隊の前身である警察予備隊は、アメリカ軍主導で誕生した組織だった。このため、訓練や教育などもアメリカ式だったし、自衛隊に入隊した旧陸軍人たちも、過去の反省から、古い要素は否定する傾向が強かったそうだ。受け継がれたことといえば、敬礼や行軍の作法、及び「煙缶《えんかん》（灰皿）」や「設営（施設構築）」などの用語程度なのだという。

一方で、**海上自衛隊には海軍時代の伝統が色濃く残っている**。海自は駐米大使の経験もある野村吉三郎元海軍大将を中心とした旧海軍将校たちが、アメリカ軍の協力のもと、次世代の海軍として創った組織だったからだ。

旧海軍から受け継がれた伝統の代表ともいえるのが、**「5分前の精神」**である。行動の5分前にすべての用意を終わらせ、時間に余裕を持たせるというこの方針は、幹部候補生学校や各艦艇のベテランを通じ、今も新人たちに伝えられている。

こうした伝統の中には、日露戦争の頃から始まった**「海軍カレー」**のような、ユニークなものも含まれる。長い艦艇生活の中で曜日感覚を失ってしまわぬよう、海自のすべての部署において毎週金曜日に食べるのだ。このように、日本軍は解体されてしまったが、その伝統は国と国民を守るという自衛隊の精神に受け継がれているのである。

解明！

終戦によって日本軍は解体されたが、規律の高さや一部の習慣は自衛隊にも受け継がれている

本書は弊社発行の『歴史の授業で教えない　大日本帝国の謎』『教科書には載っていない日本軍の謎』『歴史の授業で教えない　日本軍激闘の舞台裏』『知られざる　日本海軍軍艦秘録』『教科書には載っていない　太平洋戦争の謎』『太平洋戦争　知られざる米軍の謎』を加筆・再編集したものです。

主要参考文献・サイト一覧

「朝日新聞縮刷版　昭和20年版」（朝日新聞社）
「朝日歴史写真ライブラリー 戦争と庶民1940～49 ①大政翼賛から日米開戦」（朝日新聞社）
「二・二六事件全検証」北博昭著（朝日新聞社）
「マレー沖海戦」須藤朔著（朝日ソノラマ）
「一億人の昭和史1～5」（毎日新聞社）
「別冊一億人の昭和史 1930年 恐慌と軍拡のはざまで」（毎日新聞社）
「昭和史の大河を往く 第七集・第八集」保阪正康著（毎日新聞社）
「20世紀どんな時代だったのか 戦争編 日本の戦争」読売新聞社編（読売新聞社）
「キスカ撤退の指揮官」将口泰浩著（産経新聞出版）
「未帰還兵（かえらざるひと）六十二年目の証言」将口泰浩著（産経新聞出版）
「新・地球日本史（2）明治中期から第二次大戦まで」西尾幹二編（産経新聞ニュースサービス）
「大東亜戦争写真史7 孤島邀撃篇」森高繁雄編（富士書苑）
「大東亜戦争写真史8 落日終戦篇」森高繁雄編（富士書苑）
「理研精神八十八年」理化学研究所史編集委員会企画・編（理化学研究所）
「〈歴史群像〉太平洋戦史シリーズ11 大和型戦艦」（学習研究社）
「図説 太平洋戦争・16の大決戦」森山康平著／太平洋戦争研究会編（河出書房新社）
「図説 従軍画家が描いた日露戦争」平塚柾緒著／太平洋戦争研究会編（河出書房新社）
「図説 満州帝国」太平洋戦争研究会編著（河出書房新社）
「図説 特攻」森山康平著／太平洋戦争研究会編（河出書房新社）
「図説 2・26事件」平塚柾緒著／太平洋戦争研究会編（河出書房新社）
「記録写真集　沖縄戦」那覇出版社編（那覇出版社）
「日本軍用機航空戦全史第5巻 大いなる零戦の栄光と苦闘」秋本実著（グリーンアロー出版社）
「写真図説 近代日本史第9～10巻」日本近代史研究会編著（国文社）
「松岡洋右 悲劇の外交官（上・下）」豊田穣著（新潮社）
「8月17日、ソ連軍上陸す 最果ての要衝・占守島攻防記」大野芳著（新潮社）
「年表で読む　明解！日本近現代史」渡部昇一著（海竜社）

「世界現代史1 日本現代史」藤村道生著（山川出版社）
「虚妄の三国同盟 発掘・日米開戦前夜外交秘史」渡辺延志著（岩波書店）
「1941年12月8日 アジア太平洋戦争はなぜ起こったか」江口圭一著（岩波書店）
「目撃者が語る昭和史 第3巻 満州事変」平塚柾緒編（新人物往来社）
「目撃者が語る昭和史 第4巻 2・26事件」義井博編（新人物往来社）
「目撃者が語る昭和史 第8巻 8・15終戦 各種和平工作から敗戦へ」福島鋳郎編（新人物往来社）
「勝つ司令部 負ける司令部」生出寿著（新人物往来社）
「日本陸軍指揮官総覧」新人物往来社戦史室編（新人物往来社）
「マッカーサーが来た日 8月15日からの20日間」河原匡喜著（新人物往来社）
「ミッドウェー海戦『運命の5分間』の真実」左近允尚敏著（新人物往来社）
「戦争の日本史22 満州事変から日中全面戦争へ」伊香俊哉著（吉川弘文館）
「戦争の日本史23 アジア・太平洋戦争」吉田裕／森茂樹著（吉川弘文館）
「マッカーサー フィリピン統治から日本占領へ」増田弘著（中央公論新社）
「昭和陸軍の軌跡―永田鉄山の構想とその分岐―」川田稔著（中央公論新社）
「昭和動乱の真相」安倍源基著（中央公論新社）
「20世紀 太平洋戦争」読売新聞20世紀取材班編（中央公論新社）
「20世紀 大東亜共栄圏」読売新聞20世紀取材班編（中央公論新社）
「敗戦日記」高見順著（中央公論新社）
「日露国境交渉史 領土問題にいかに取り組むか」木村汎著（中央公論社）
「母と子でみる ひめゆりの乙女たち」朝日新聞企画部編（草土文化）
「沖縄悲遇の作戦 異端の参謀八原博通」稲垣武著（光人社）
「戦艦大和の最後 一高角砲員の苛酷なる原体験」坪井平次著（光人社）
「ざわわざわわの沖縄戦 サトウキビ畑の慟哭」田村洋三著（光人社）
「名将宮崎繁三郎 不敗、最前線指揮官の生涯」豊田穣著（光人社）
「日本軍の小失敗の研究 現代に生かせる太平洋戦争の教訓」三野正洋著（光人社）
「続・日本軍の小失敗の研究 未来を見すえる太平洋戦争文化人類学」三野正洋著（光人社）
「本当にゼロ戦は名機だったのか もっとも美しかった戦闘機 栄光と凋落」碇義朗著（光人社）
「最悪の戦場に奇蹟はなかった ガダルカナル、インパール戦記」高崎伝著（光人社）
「空母入門 動く前線基地徹底研究」佐藤和正著（光人社）

「証言真珠湾攻撃 私は歴史的瞬間をこの眼で見た！」藤田怡与蔵著（光人社）
「陸軍の異端児 石原莞爾 東條英機と反目した奇才の生涯」小松茂朗著（光人社）
「陸軍兵器発達史―明治建軍から本土決戦まで―」木俣滋郎著（光人社）
「艦艇発達史―幕末から昭和まで―日本建艦物語」木俣滋郎著（光人社）
「回天菊水隊の四人 海軍中尉仁科関夫の生涯」前田昌宏著（光人社）
「敗戦 一九四五年春と夏」左近允尚敏著（潮書房光人社）
「日本軍艦ハンドブック」雑誌「丸」編集部著（潮書房光人社）
「石原莞爾 その虚飾」佐高信著（講談社）
「東條英機 封印された真実」佐藤早苗著（講談社）
「日本百年の記録2 世界と日本」小西四郎編（講談社）
「ビジュアル版・人間昭和史3 悲劇の将星」（講談社）
「真珠湾攻撃総隊長の回想 淵田美津雄自叙伝」中田整一編・監修（講談社）
「昭和二万日の全記録 第5巻 一億の『新体制』」講談社編（講談社）
「参謀の戦争」土門周平著（講談社）
「父と私の二・二六事件」岡田貞寛著（講談社）
「関東軍」島田俊彦著（講談社）
「〈満州〉の歴史」小林英夫著（講談社）
「知識ゼロからの太平洋戦争入門」半藤一利著（幻冬舎）
「日本海軍艦艇写真集 潜水艦・潜水母艦」呉市海事歴史科学館編／戸高一成監修（ダイヤモンド社）
「皇族と帝国陸海軍」浅見雅男著（文藝春秋）
「英雄の素顔 ナポレオンから東條英機まで」児島襄著（ダイヤモンド社）
「玉音放送」竹山昭子著（晩聲社）
「昭和の名将と愚将」半藤一利・保阪正康編著（文藝春秋）
「特攻 外道の統率と人間の条件」森本忠夫著（文藝春秋）
「特攻の真意 大西瀧治郎 和平へのメッセージ」神立尚紀著（文藝春秋）
「特攻 特別攻撃隊」別冊宝島編集部編（宝島社）
「父が子に教える昭和史」柳田邦男／藤原正彦／福田和也／中西輝政／保阪正康／半藤一利他著（文藝春秋）
「聯合艦隊司令長官 山本五十六」半藤一利著（文藝春秋）
「四人の連合艦隊司令長官」吉田俊雄著（文藝春秋）

「昭和史の軍人たち」秦郁彦著（文藝春秋）
「指揮官の決断 満州とアッツの将軍 樋口季一郎」早坂隆著（文藝春秋）
「日本20世紀館」（小学館）
「大日本帝国の民主主義 嘘ばかり教えられてきた！」坂野潤治／田原総一朗著（小学館）
「十五年戦争」伊藤隆著（小学館）
「原爆投下決断の内幕 悲劇のヒロシマナガサキ（上・下）」ガー・アルペロビッツ著／鈴木俊彦・米山裕子・岩本正恵訳（ほるぷ出版）
「日本陸軍将官総覧」太平洋戦争研究会編著（PHP研究所）
「日本陸軍がよくわかる事典 その組織、機能から兵器、生活まで」太平洋戦争研究会著（PHP研究所）
「世界の『戦車』がよくわかる本」齋木伸生著・監修（PHP研究所）
「第二次世界大戦の『軍用機』がよくわかる本」ブレインナビ編著（PHP研究所）
「真珠湾攻撃の真実」太平洋戦争研究会編著（PHP研究所）
「集英社版日本の歴史20 アジア・太平洋戦争」森武麿著（集英社）
「技術者たちの敗戦」前間孝則著（草思社）
「アメリカはなぜ日本に原爆を投下したのか」ロナルド・タカキ著／山岡洋一訳（草思社）
「ルーズベルトの開戦責任 大統領が最も恐れた男の証言」ハミルトン・フィッシュ著／渡辺惣樹訳（草思社）
「人物で読む太平洋戦争」太平洋戦争研究会著／保坂正康監修（世界文化社）
「大日本帝国の時代―日本の歴史〈8〉」由井正臣著（岩波書店）
「『月給百円』のサラリーマン―戦前日本の『平和』な生活」岩瀬彰著（講談社）
「戦前の生活：大日本帝国の〝リアルな生活誌〟」武田知弘著（筑摩書房）
「昭和天皇独白録」寺崎英成著、マリコ・テラサキ・ミラー著（文藝春秋）
「ハル回顧録」コーデル・ハル著、宮地健次郎訳（中央公論新社）
「真珠湾奇襲・ルーズベルトは知っていたか」今野勉著（読売新聞社）
「真珠湾の真実―ルーズベルト欺瞞の日々」ロバート・B・スティネット著、妹尾作太男訳（文藝春秋）
「日本天才列伝―科学立国ニッポンの立役者」学研編（学研）
「『明治』という国家」司馬遼太郎著（日本放送出版協会）
「捕虜の文明史」吹浦忠正著（新潮社）
「それでも、日本人は『戦争』を選んだ」加藤陽子著（朝日新聞出版）
「教科書から消えた日本史」河合敦著（光文社）

彩図社好評既刊本

アジアの人々が見た
太平洋戦争

小神野真弘 著

太平洋戦争時、大日本帝国によるアジアへの行軍は現地の人々にどのように映ったのか。本書では、アジア諸国の視点を盛り込みながら、太平洋戦争がどんな戦争だったか、アジアにとって日本軍がどんな存在だったかを検証。日本以外の視点から太平洋戦争を見つめていく。

ISBN978-4-8013-0066-8　46 判　本体 1200 円＋税

解明！大日本帝国の謎がわかる本

2016年11月25日第1刷

編者　大日本帝国の謎検証委員会
発行人　山田有司
発行所　株式会社　彩図社《さいずしゃ》
〒170-0005
東京都豊島区南大塚3-24-4　MTビル
TEL 03-5985-8213　FAX 03-5985-8224
URL：http://www.saiz.co.jp
Twitter：https://twitter.com/saiz_sha
印刷所　シナノ印刷株式会社

ISBN978-4-8013-0189-4　C0095